Das verlassene Kind

Dr. med. Daniel Dufour

Das verlassene Kind

Gefühlsverletzungen aus der Kindheit erkennen und heilen

Aus dem Französischen von
Susanne Engelhardt

Haben Sie Fragen an den Verlag?
Anregungen zum Buch?
Erfahrungen, die Sie mit anderen teilen möchten?

Besuchen Sie unsere sozialen Netzwerke:
www.mankau-verlag.de/forum

Bibliografische Information der Deutschen Nationalbibliothek
Die Deutsche Nationalbibliothek verzeichnet diese Publikation in der
Deutschen Nationalbibliografie; detaillierte bibliografische Daten sind
im Internet über http://dnb.d-nb.de abrufbar.

Dr. med. Daniel Dufour
Das verlassene Kind
Gefühlsverletzungen aus der Kindheit erkennen und heilen
ISBN 978-3-86374-533-2
2. Auflage 2022 (1. Auflage 2020)

Mankau Verlag GmbH
D-82418 Murnau a. Staffelsee
Im Netz: www.mankau-verlag.de
Internetforum: www.mankau-verlag.de/forum

Übersetzung aus dem Französischen: Susanne Engelhardt, München
Lektorat: Dr. Thomas Rosky, München
Endkorrektorat: Dr. Thomas Wolf, MetaLexis
Gestaltung Umschlag: Hauptmann & Kompanie Werbeagentur, Zürich
Satz und Gestaltung: Lydia Kühn, Aix-en-Provence, Frankreich
Energ. Beratung: Gerhard Albustin, Raum & Form, Winhöring
Druck: Druckerei C. H. Beck, Nördlingen

Die Originalausgabe erschien unter dem Titel
»La blessure d'abandon: Exprimer ses émotions pour guérir«.

© 2007, Les Editions de l'Homme, division du Groupe Sogides Inc.,
filiale de Quebecor Media Inc. (Montreal, Québec, Kanada)

Alle Rechte der deutschsprachigen Ausgabe:
© 2012, Mankau Verlag GmbH, Murnau

Wichtiger Hinweis des Verlags:
Der Autor hat bei der Erstellung dieses Buches Informationen und Ratschläge mit
Sorgfalt recherchiert und geprüft, dennoch erfolgen alle Angaben ohne Gewähr;
Verlag und Autor können keinerlei Haftung für etwaige Schäden oder Nachteile
übernehmen, die sich aus der praktischen Umsetzung der in diesem Buch dargestellten
Inhalte ergeben. Bitte respektieren Sie die Grenzen der Selbsthilfe, und
suchen Sie bei Erkrankungen oder auffälligen Verhaltensstörungen einen erfahrenen
Arzt oder Therapeuten auf.

Inhalt

Kapitel 4: Das Gefühlsleben verlassener Personen 105

Kapitel 5: Was tun, um von der Verlassenheit zu genesen? 125

Einleitung

Warum sich mit dem Verlassenwerden in der Kindheit befassen, wo doch schon so viel über den Menschen und seine Leiden, aber auch über seine Schönheit und seine Fähigkeit zur Liebe zu sagen ist? Ganz einfach deshalb, weil mir während meiner zwanzig Berufsjahre als Arzt mit eigener Praxis die Erfahrung des frühen Verlassenwerdens als eine der häufigsten Ursachen für die seelischen Leiden meiner Patienten erschienen ist. Und bereits vor dieser Zeit wurde ich im Rahmen meiner Tätigkeit als Lazarettarzt für verschiedene Hilfsorganisationen mit den verheerenden Folgen von Kriegen und Intoleranz konfrontiert. Ich habe Menschen erlebt, die ihre Eltern oder Kinder verloren hatten oder vertrieben worden waren, solche, die aus politischen Gründen eingesperrt wurden, oder Leprakranke, die aus der Gemeinschaft ausgeschlossen worden sind, und natürlich Angehörige religiöser und ethnischer Minderheiten, die von den herrschenden Mächten verfolgt wurden. Dennoch habe ich sehr lange gebraucht, um bestimmte Reaktionen der meisten dieser Personen zu verstehen, Reaktionen, die ich zwar auffällig fand, die aber doch zutiefst menschlich waren. Ich habe sehr lange gebraucht, um zu verstehen, dass sie früh verlassen wurden und dass sie darunter auch noch in ihrem späteren Leben litten.

Es versteht sich von selbst, dass die Leiden anderer gewisse Saiten in einem selbst zum Schwingen bringen, und ich musste feststellen, dass auch ich an diesem Verlassenwerden litt, auch wenn bis dahin nichts in meinem Leben zu dieser Überzeugung Anlass gegeben hatte. Wahrscheinlich, weil ich mich damit begnügte, die Umstände und die Tatsachen von außen zu betrachten.

Einstellung, Verhalten und Reaktionen eines Gegenübers zu beobachten genügt bereits oft für die Erkenntnis, dass der- oder diejenige darunter leidet, verlassen worden zu sein. Die Häufigkeit dieses »Leidens« überrascht mich, genau wie seine multiplen Ursachen und die Erkenntnis mich überraschen, dass die betroffenen Personen sich dieser Ursachen meist gar nicht bewusst sind. Im Rahmen meiner eigenen Tätigkeit spreche ich nur sehr wenig vom Phänomen des Verlassenwerdens und nenne es auch selten beim Namen. Worte sind hier in der Tat nicht entscheidend. In meinen Augen ist es viel wichtiger, genau zuzuhören, einfühlsam und mitfühlend zu sein, offen zu bleiben und sich jeglichen Urteils in Bezug auf ein Leiden zu enthalten. So durfte ich im Laufe der letzten zwanzig Jahre eine ganze Reihe von Patienten und Patientinnen erleben, welche die mit dem Verlassenwerden verbundenen Verletzungen überwanden und gesund wurden, ohne sich überhaupt bewusst gewesen zu sein, dass sie von diesem »Leiden« betroffen waren: Sie haben einfach erkannt, dass sie nicht so geliebt wurden, wie sie es in ihrem Leben gerne gehabt hätten. Und die Genesung war ihnen möglich, weil sie sich eine ganz bestimmte Daseins- und Handlungsweise angeeignet haben, um die es in diesem Buch gehen wird.

Diese Daseinsweise ist der wesentliche Grund dafür, warum ich das Bedürfnis hatte, dieses Buch zu schreiben und über das Thema zu sprechen – nicht etwa, um diejenigen als »krank« abzustempeln, die zwar Symptome des Verlassenwerdens zeigen, sich aber gar nicht bewusst sind, dass sie leiden und deshalb auch keinen Rat suchen (diese Personen werden das Buch ja sowieso nicht lesen!), sondern um all jenen beizustehen, die deutlich spüren, dass etwas in ihren Beziehungen oder in ihrem Sozialverhalten nicht rund läuft.

Ja, beistehen möchte ich all jenen, die sich aufgrund dieses Leidens wiederholt mit den gleichen Ängsten und negativen Reaktionen konfrontiert sehen, sowohl im Privat- als auch im Berufsleben.

Das ist die wesentliche Aufgabe, die in diesem Buch vor uns liegt. Ich bitte Sie jedoch darum, nicht zu vergessen, *dass allein der Betroffene in der Lage ist, die nötigen Schritte zu seiner Genesung zu machen,* und dass der Weg, welcher ihm hierfür zur Verfügung steht, und der Grund all seiner Bemühungen für ihn genau wie für jeden anderen Menschen derselbe ist: Es ist die Liebe.

Kapitel 1: Die Ursprünge des Verlassenwerdens

Verlassenwerden, Verlassenheitsneurose, Zurückweisung: einige Orientierungshilfen

Worte sind nie unschuldig, und bei genauerem Hinsehen erkennt man, dass sie von entscheidender Bedeutung sind, wenn es darum geht, Lebewesen und Dinge zu definieren. Das französische Wort »abandon« ist germanischen Ursprungs und bedeutet »in der Macht von«; das daraus abgeleitete Verb »abandonner« verweist auf »laisser à bandon«, einen Ausdruck aus dem Altfranzösischen, der bedeutet, dass man einem anderen den Einfluss über etwas oder jemanden überlässt und ihm die Macht abtritt. Die Formulierung »jemandem etwas überlassen« trifft den Kern von »abandon« und verdeutlicht, wie es zum Beispiel dem Bauern im Mittelalter erging, wenn er seine Ernte abtreten musste, um

dem allmächtigen Lehnsherrn, dessen Ländereien er bewirtschaftete, den Zehnten zu zahlen. Und von »überlassen« zu »verlassen« ist es nur ein Schritt. Das Verb »abandonner«, also »verlassen«, bedeutet aber auch im Stich lassen, vernachlässigen, aufgeben, ablehnen, ausgrenzen, zurückweisen. In einem französischen Wörterbuch findet sich folgende Definition für das Wort »abandon«: »vernachlässigt oder aufgegeben werden«[1].

Etwas aufzugeben bedeutet somit, etwas unversorgt zu lassen, unordentlich und ungeschützt; Ländereien, die man brachliegen lässt, sind aufgegebene Ländereien. Dieser Zustand ist dem Zustand vergleichbar, in dem sich ein verlassener, aufgegebener Mensch wiederfinden kann: unversorgt und vernachlässigt, weil andere sich nicht für ihn interessieren. Etymologisch gesehen findet sich im Wort »abandon« auch das Wort »ban«, das im Mittelalter jenes Gebiet bezeichnete, das der Gerichtsbarkeit eines Lehnsherrn unterstand. Dieser Ausdruck wird noch heute in Frankreich benutzt, vor allem im Elsass, wo man damit Ländereien bezeichnet, die auf dem Territorium einer Gemeinde liegen. Der Verlassene ist somit jemand, der sich außerhalb dieses »ban« wiederfindet, also außerhalb des Gemeindeterritoriums, und der nicht zur Gemeinschaft gehört oder von dieser nicht als Zugehöriger anerkannt wird. Anders gesagt, er wird mit einem »Bann« belegt, also von der Gesellschaft für unwürdig befunden; er wird »verbannt« und hat kein Aufenthaltsrecht. Und genau das empfindet auch ein verlassenes Kind: Es fühlt sich aus dem Familienkreis ausgeschlossen, verbannt, von der Gesellschaft mit einem Bann belegt.

Wenn wir uns nun noch dem Begriff »Banlieue« zuwenden, der im Französischen Vororte bzw. Vorstädte bezeich-

net und in dem wir das Wort »ban« wiederfinden, können wir auch verstehen, was die Bewohner einer solchen Banlieue manchmal empfinden mögen: Sie haben das Gefühl, abseits zu stehen, auf Distanz gehalten zu werden, verbannt zu sein von dem anderen Teil der Gesellschaft, jenem, der in der Stadt wohnt. Oft ist auch die Rede vom »Zustand der Vernachlässigung«, in dem sich so manche dieser Vorstädte befinden, und viele der Vorstadtbewohner sehen sich als Opfer einer kollektiven Ausgrenzung, die von der Gesellschaftsschicht ausgeht, welche Geld und Einfluss besitzt. Was in einigen Vorstädten in Frankreich und anderswo vor sich geht, in Randgebieten, die von der öffentlichen Hand ganz besonders vernachlässigt werden, entspricht auf kollektivem Niveau genau dem, was – wie wir sehen werden – auch für das Individuum zutrifft.

Das Gefühl des Verlassenseins

Sich von seinem Mann, seiner Frau, seinem Kind, der Mutter, dem Vater, der Gemeinschaft oder den Freunden verlassen zu fühlen bedeutet, sich isoliert zu fühlen, sich selbst überlassen zu sein. Es ist wichtig zu betonen, dass dieses Gefühl keine grundlegende Emotion (wie z.B. die Wut) ist und dass es je nach Person besser oder schlechter ertragen wird. Erträgt man es schlecht, dann äußert sich dieses Gefühl des Verlassenseins in einer Reihe körperlicher und seelischer Beschwerden, die von leichter Beklommenheit bis zu Ängsten, von Depressionen bis zu Aggressionen reichen können. Doch es sind die Selbstentsagung und der Rückzug in sich selbst, die am stärksten ausgeprägt sind. Ein Mensch, der

sich verlassen fühlt, wird sich auch ausgegrenzt vorkommen, um nicht zu sagen unwürdig. Begriffe wie »Verbannter« oder »Bandit«, in denen auch wieder das Wort »Bann« (französisch »ban«) enthalten ist, sind Ausdruck für das, was der Verlassene häufig empfindet: Schuldgefühle und eine ausgeprägte Selbstabwertung. Aus dieser Abwertung leitet er ab, dass er es nicht wert ist, geliebt zu werden, auch wenn es sich dabei nur um eine Sichtweise handelt, die ein Resultat seiner »Denke« ist. Ich möchte an dieser Stelle darauf hinweisen, dass ich mit der »Denke« all jene Schutzwälle meine, die wir errichten, um uns vor den Leiden zu bewahren, die uns von der Außenwelt zugefügt werden. Zu diesen zählt auch das Leid, das mit dem Verlassenwerden einhergeht. Ich werde noch auf diesen Punkt zu sprechen kommen[2].

Die Verlassenheitsneurose

In der Psychiatrie versteht man unter Verlassenheitsneurose oder auch Verlassenheitssyndrom die Gesamtheit der Symptome, die ein Verlassener zeigt. Die Psychoanalytiker Jean Laplanche und J.-B. Pontalis schreiben: »Von Schweizer Psychoanalytikern (Charles Odier, Germaine Guex) eingeführter Terminus, um ein klinisches Bild zu bezeichnen, bei dem die Verlassenheitsangst und das Sicherheitsbedürfnis vorherrschen. Es handelt sich um eine Neurose, deren Ätiologie präödipal sein soll. Sie muss nicht notwendigerweise mit einem Verlassenwerden in der Kindheit verbunden sein. Die Patienten mit dieser Neurose werden ›abandonniques‹ genannt.«[3] Diese Neurose wird an anderer Stelle wie folgt definiert: »Ein Gefühl und ein Zustand dauernder

Verunsicherung, gekoppelt an die irrationale Furcht davor, von den Eltern oder Verwandten verlassen zu werden, ohne dass es wirklich einmal dazu gekommen ist.«[4] Demzufolge wären die Verlassenen im Grunde von einer affektiven »Gefräßigkeit« in Sachen Zuneigung besessen, die genetisch bedingt und somit angeboren sein soll. Aus dieser affektiven Gefräßigkeit entstünde dann eine Mischung aus Angst, aggressiven Reaktionen (überzogene Ansprüche, der Wunsch, sein Gegenüber auf die Probe zu stellen, um sich seiner Zuneigung zu versichern, sadomasochistische Tendenzen) und Selbstabwertung, die sich in solchen Sätzen wie »Ich werde nicht geliebt, weil ich nicht liebenswert bin« äußert. Und schlussendlich würde diese Gier dann zu einer »destruktiven Grundeinstellung« führen, wie manche es nennen. Ich benutze hier absichtlich den Konditional, denn die Meinungen der Autoren weichen so stark voneinander ab, dass ihre Definitionen sich gegenseitig widersprechen.

Wie so oft sind die wissenschaftlichen Definitionen verschwommen. Versuchen wir also, für Klarheit zu sorgen, indem wir auf einfachere Begriffe zurückgreifen. Grundsätzlich ist mit der Definition des Verlassenen gemeint, dass dieser aufgrund seines Wesens einer *unstillbaren Gier nach Zuneigung* ausgeliefert ist. Damit ist auch gemeint, dass seine Beschwerden angeblich von der Unmöglichkeit herrühren, dieses Verlangen zu stillen. Zu eben diesen Beschwerden zählen Ängste und aggressives Verhalten, welche ihrerseits die Selbstabwertung nach sich ziehen, die angeblich in die viel beschworene destruktive Einstellung mündet. Dieser letzte Begriff bezeichnet die »anormalen« und »pessimistischen« Neigungen, unter denen der Verlassene leidet: also zum Beispiel den Hang zur Schwarzmalerei oder den Zweifel am Guten im Menschen. Diese Definition greift eine

grundlegende Vorstellung der Psychologie auf: Der leidende Mensch ist anormal, und weil er »abnorm« oder »außerhalb der Norm« ist, entwickelt er eine Reihe von Symptomen, die man als »Syndrom« bezeichnet und die der Beweis für seine Abnormität sind. Man muss also diese Symptome direkt angehen, um zu erreichen, dass die leidende Person wieder ins Schema passt und den Normen entspricht ...

So wird das Leiden zum Ausdruck dafür, dass wir nicht den Normen entsprechen, die von »der Gesellschaft« und »der Wissenschaft« definiert wurden. Es gilt nicht länger als Signal unseres Körpers, der unsere Aufmerksamkeit auf etwas lenken will, das wir unterdrücken, statt es auszuleben oder zu tun. Damit ist das Leiden kein Leiden mehr, sondern der krankhafte Ausdruck eines Menschen, der verhaltensauffällig ist. So wird durch einen faulen Trick ein leidender Mensch im Nu zu einem anormalen Menschen, was ja nur die bescheidene Meinung verstärken kann, die er bereits von sich hat! Eine weitere Definition veranschaulicht deutlich, was gerade ausgeführt wurde: Das Verlassenheitssyndrom sei »im Wesentlichen eine Folge fehlender mütterlicher Zuneigung, die sich entweder in Misshandlungen oder in Gleichgültigkeit äußert. Wobei das eine so schädlich ist wie das andere ...«[5], schreiben Serge Revel und Chantal Lacomme. Sie führen weiter aus, dass der »Abandonnisme« eine ernsthafte Depression nach sich ziehen kann. Da dies nicht meinem Menschenbild entspricht, werde ich versuchen, die Frage nach dem Leiden anders anzugehen. Ausgangspunkt ist dabei für mich die Überlegung, dass jedes Leiden das eines einzigartigen Menschen ist und dass der oder die Leidende nicht von vornherein »anormal« ist.

Die Zurückweisung

Noch ein in diesem Zusammenhang häufig verwendeter Begriff, den der eine oder andere sogar bevorzugt: die Zurückweisung. Für manche ist sie sogar gleichzusetzen mit dem Verlassenwerden. Auch hier ist keine grundlegende Emotion gemeint. Der Begriff Zurückweisung umfasst vielmehr eine ganze Palette von Gefühlen und Empfindungen, die ähnlich oder sogar identisch mit denen sind, welche das Verlassenwerden auslösen.

Einige Autoren halten die Zurückweisung für schwerer erträglich als das Verlassenwerden, denn es handelt sich angeblich um einen brutaleren Akt. Der oder die Zurückweisende geht aktiv vor, was beim Verlassenwerden nicht der Fall ist. Demzufolge wäre das Verlassenwerden passiver als das Zurückgewiesenwerden. Hier wird deutlich, dass sowohl das Verlassen als auch das Zurückweisen zwei Partner betrifft, die untrennbar miteinander verbunden sind und ohne die es weder das Verlassen noch das Zurückweisen geben würde: denjenigen, der einen anderen verlässt oder zurückweist, und denjenigen, der verlassen bzw. zurückgewiesen wird. So wie es kein Opfer ohne einen Täter geben kann, gibt es auch keinen verlassenen oder zurückgewiesenen Menschen *ohne einen anderen Menschen,* der ihn verlässt oder zurückweist. Ein Kind, das von der Mutter gleich nach der Geburt an die Fürsorge abgegeben wird – wird es von der Mutter verlassen oder zurückgewiesen? Meiner Meinung nach kommt es nicht darauf an, ob es verlassen oder zurückgewiesen wird – in beiden Fällen wird es sich verlassen oder zurückgewiesen fühlen und darunter leiden. Und auch wenn diese Unterscheidung, die einige Autoren machen, erwähnenswert ist, halte ich es für schwierig, sie als wesentlich zu erachten, wenn wir

uns den Empfindungen der Betroffenen und den daraus entstehenden Konsequenzen zuwenden. In diesem Werk werde ich deshalb eher den Begriff des Verlassenwerdens statt des Begriffs Zurückweisung verwenden.

Ich habe bereits betont, dass das Gefühl des Verlassenwerdens oder der Zurückweisung auf keinen Fall eine grundlegende Emotion ist. Es gibt drei große Gruppen von Emotionen: Freude, Trauer und Wut. Ängste und Schuldgefühle sind keine Emotionen, auch wenn sie sich durch eine starke und körperlich spürbare Anspannung bemerkbar machen. Sie sind lediglich Ausgeburten unserer »Denke«, wie wir später noch sehen werden.

Eine Emotion ist weder normal noch anormal, weder gut noch schlecht. Sie ist unlogisch und entzieht sich jeder Klassifizierung. Sie löst für sich genommen keine Leiden aus. Sie darf von niemandem verurteilt werden, nicht von demjenigen, der sie empfindet, und noch weniger von Außenstehenden. Eine Emotion ist etwas Natürliches, sie IST da, und daran ist nicht zu rütteln; sie ist das Leben. Nicht die Emotion ist es, die das Leiden auslöst, sondern ihre durch die »Denke« erzwungene Unterdrückung. Unterdrückt werden kann das *Erkennen* dieser Emotion, was man aufgrund dieser Emotion *verspürt* oder wie man diese Emotion *ausdrückt*. Tatsächlich ist es unsere »Denke«, die allein für unsere seelischen Leiden verantwortlich ist, es sind nicht die Emotionen. Unsere Denke aber ist, wie wir noch sehen werden, die Frucht unserer Erziehung. Bezugspunkte der Denke sind die Normalität, die Gesellschaft, kurz: die Anderen. Bezugspunkte für die betroffene Person in ihrer Ganzheitlichkeit müssten aber die Natur des Seins, ihr angeborenes Wissen und ihr innerer Kern sein. Ein Baby, das gerade geboren ist, hat außer den genannten keine anderen Bezugspunkte. Es empfindet und

äußert seine Freude ganz selbstverständlich durch fröhliches Gebrabbel, seine Trauer durch dicke, kullernde Tränen und seine Wut durch lautes Schreien, wozu es die kleinen Fäuste ballt. Es kennt keine Brutalität und es ist anderen gegenüber nicht brutal. In diesem Stadium existiert seine Denke noch nicht, sie hat sich noch nicht entwickelt. Ein Baby kann das Gute nicht vom Bösen unterscheiden, *es begnügt sich damit, da zu sein,* und lebt mit seinen Emotionen und seinem angeborenen Wissen ganz und gar im Augenblick. Jedes Kind hat Emotionen und lebt sie auf die natürlichste Weise aus, ohne Werturteile. Wenn es aber älter wird und eine Erziehung erhält, wird auch seine Denke geformt und nimmt an Bedeutung zu: Das Kind lernt zu urteilen, zu bewerten und die Realität, die es umgibt, mit den bestehenden Normen zu vergleichen. Dann entstehen auch Werturteile, und die Anspannung taucht auf: Das, was ich empfinde, oder das, was der Andere empfindet, ist anormal, schlecht, unlogisch ...

Wir wissen sehr wohl: Wenn sich eine Emotion in uns regt, mögen wir uns vielleicht wünschen, sie sei gar nicht da, aber das ändert nichts daran, dass diese Emotion real und lebendig ist! Wir können bedauern, sie zu verspüren, aber deshalb verschwindet sie noch lange nicht. Wir können von dem Tag träumen, an dem wir diese Art Emotion nicht mehr haben, aber wir müssen uns der Tatsache stellen, dass dieser Tag noch nicht gekommen ist. Wir können uns auch vornehmen, uns bei einem Seminar anzumelden, um nur noch schöne Empfindungen zu haben – ja, es gibt Seminare und Menschen, die fähig sind, solche Illusionen zu verkaufen! Aber in der Zwischenzeit sind wir unseren »fiesen Emotionen« nun einmal ausgeliefert.

Wir wissen nun, dass unsere Emotionen etwas Natürliches sind und sich jeglicher Logik entziehen. Sie zu unter-

drücken hieße, Anspannung und Leid zu provozieren. Warum sich also das Leben schwer machen, indem man nach anderen Möglichkeiten sucht, statt sie einfach zuzulassen? Was nützt es uns zu verstehen, wenn wir nichts davon ausleben? Wenn wir uns gestatten, diese Emotionen auszuleben, gibt unser Körper uns sofort eine entscheidende Information: Eine deutlich fühlbare körperliche Entspannung breitet sich in uns aus, ein Zeichen dafür, dass wir auf dem besten Wege sind, uns selbst zu respektieren, und dass unsere Denke eine Zeitlang aufgehört hat, dazwischenzufunken. Das ist auch der Beweis dafür, dass das Gefühl des Verlassenwerdens oder der Zurückweisung keinesfalls eine Emotion ist, denn dieses Gefühl äußert sich ja in An- und nicht in Entspannung. Ausgelebte Emotionen hingegen zeigen sich immer in echter Entspannung.

Von der Verlassenheit zur frühen Erfahrung des Verlassenwerdens

Die Literatur zum Thema ist oft ungenau, worauf ich bereits hingewiesen habe: Unter die Definitionen mischen sich Werturteile, sodass man das wirklich durchgemachte Leid derjenigen aus den Augen verliert, die einmal verlassen wurden. Wir haben auch gezeigt, dass die aktuelle Definition nicht zufriedenstellend ist, denn sie beruht auf einer inakzeptablen, normativen Argumentation. Um dieser begriffli-

chen und argumentativen Ungenauigkeit entgegenzutreten, möchte ich hier den Begriff »Verlassenheit« einführen: eine Wortschöpfung, die sowohl das Gefühl des Verlassenwerdens umfasst als auch die vielen verschiedenen körperlichen und seelischen Beschwerden, unter denen leidet, wer verlassen, zurückgewiesen und ausgegrenzt wurde. Dieser Begriff schließt das Leiden derjenigen ein, die sich – zu Recht oder zu Unrecht – verlassen fühlen. Er hat keinerlei wertende Bedeutung, er ist weder negativ noch positiv. Es handelt sich allein um die Bezeichnung für etwas, das – wie wir sehen werden – vielgestaltig und breit gefächert ist. Dieser Begriff bezieht sich nicht auf irgendeine Norm (oder angebliche Normalität) des Daseins. Da jedes Wesen einzigartig ist, erscheint es mir illusorisch, eine Norm festlegen zu wollen, wie so viele andere es versuchen. Es kommt mir vor wie ein bedauernswerter Versuch, der darauf abzielt, den Menschen auf eine Reihe von Charakterzügen und Reaktionen festzulegen, die von einflussreichen Personen definiert werden – Ärzten und Therapeuten –, die so ihren Einfluss bewahren wollen …

Ursache für die Verlassenheit ist immer eine reelle Erfahrung des Verlassenwerdens. Diese Erfahrung hat entweder während der fötalen Phase stattgefunden oder in der – oft frühen – Kindheit. Abgesehen von der Erfahrung des Verlassenwerdens in Folge von Exil, Krieg, Krankheit oder Alter, ist es sehr selten, dass man so etwas zum ersten Mal als Erwachsener durchmacht. Das hindert jedoch viele Erwachsene, die eine Trennung erleben, nicht daran, diese für den Grund ihres Leidens zu halten – bis zu dem Moment, in dem ihnen bewusst wird, dass ihre schweren, aktuellen Leiden darin begründet sind, dass sie bereits viel früher einmal verlassen wurden.

Häufig ist die Erinnerung an diese frühe Erfahrung den Betroffenen, die an Verlassenheit leiden, nicht mehr bewusst. Oft bringen sie diese traumatische Erfahrung auch gar nicht erst in Verbindung mit dem Verlassenwerden. Deshalb haben sie auch nichts Eiligeres zu tun, als dieses ursprüngliche Trauma zu verneinen, indem sie es kleinreden oder als normal erachten. Und ganz häufig findet ein dergestalt an Verlassenheit Leidender, dass das, was er empfindet, dem Erlebten gegenüber völlig überzogen ist.

Nehmen wir einmal das Beispiel von Virginie, die 24 Jahre alt ist. Sie lebt in der ständigen Angst, von ihrem aktuellen Freund verlassen zu werden. Die zurate gezogene Psychologin hat ihr gesagt, sie leide an »emotionaler Abhängigkeit«. Aber diese wundervolle Diagnose hilft Virginie kein bisschen, um sich trotz zahlreicher Therapiesitzungen wieder besser zu fühlen. Also fragt sie sich, was sie tun kann, damit es ihr wieder besser geht. Die psychologische oder medizinische Diagnose, die das Resultat einer intellektuellen Analyse ist, bringt ihr gar nichts, wenn es um das eigentliche Leiden geht: Virginie erkennt zwar, dass sie die Ängste, die sie hat, nicht haben sollte, doch es gelingt ihr nicht, Vernunft anzunehmen. Sie erkennt, dass sie eigentlich mehr Selbstvertrauen haben müsste, doch sie schafft es nicht. Positives Denken und andere verhaltenstherapeutische Maßnahmen, die ihre Therapeutin anpreist, helfen ihr kein bisschen weiter ...

Gleich zu Beginn ihres ersten Besuches erzählt Virginie mir alles über die Arbeit mit ihrer Therapeutin. Sie sind in die Vergangenheit zurückgekehrt, und dadurch hat Virginie erkannt, dass sie seit ihren ersten Kontakten mit dem anderen Geschlecht Angst vor dem Verlassenwerden hat – entweder ist der Andere wirklich gegangen oder sie war es,

die sich getrennt hat, erzählt Virginie. Sie hat die Beziehung zu ihrem Vater analysiert, die hervorragend ist, weshalb sie ihm auch nichts vorzuwerfen hat. Und auch die Beziehung zu ihrer Mutter ist harmonisch und friedlich. Warum hat sie mich also aufgesucht? Weil sie von dieser »krankhaften emotionalen Abhängigkeit« loskommen will, an der sie seit ihrer Pubertät leidet.

Indem wir uns ihren Emotionen zuwenden, gelingt es Virginie, sich an ihre heftige Wut zu erinnern, die durch folgendes Ereignis ausgelöst wurde: Nach ihrer Geburt hatte man sie von ihrer Mutter trennen müssen, da diese krank geworden war und sie hätte anstecken können. Deshalb war Virginie in den Brutkasten gekommen. Indem sie ihre Emotionen zurückverfolgt hat, statt sich auf ihre Denke zu verlassen, ist es Virginie gelungen, zu diesem traumatischen Ereignis und zu der Wut, die damit verbunden war, zurückzukehren. Wir werden die Bedeutsamkeit dieses Vorgehens noch genauer betrachten. Es ist überhaupt nicht mit dem psychologischen Vorgehen vergleichbar, das vorab erwähnt wurde, und es »leistet« sehr viel mehr als Letzteres.

Selbstverständlich hat Virginie, als sie diese heftige Wut erneut verspürte, sofort erklärt, dass sie unmöglich auf ihre Mutter und ihren Vater wütend sein dürfe, dass man ihre Eltern nicht für das Geschehene verantwortlich machen könne und dass all dies zwar bedauerlich, aber längst Vergangenheit sei, weshalb man es einfach vergessen sollte. Kurz: Virginies Denke, ihre »Krücke«, wie ich sie auch nenne, die ja in der Vergangenheit schon wunderbar funktioniert hatte, tat weiter ihren Dienst, um den Einfluss des unglückseligen Ereignisses abzumildern. Aber gerade weil es Virginie gelungen ist, die Emotion zu spüren und auszudrücken, die mit diesem Ereignis zusammenhängt, konnte sie ihre Beziehungen fort-

an auch wieder gelassener sehen und von der »Verlassenheit« genesen, an der sie litt. Ich habe diese Erzählung absichtlich kurz gehalten, doch man irrt, wenn man denkt, der Prozess bei Virginie habe nur wenige Stunden gedauert. Sie hat dafür mehrere Monate gebraucht.

Eine frühe Erfahrung des Verlassenwerdens wird von den an Verlassenheit Leidenden als harmlos erachtet. Sie halten diese sogar für so harmlos, dass sie sich meist nicht mehr bewusst daran erinnern. Wenn dieses Ereignis wieder ins Bewusstsein des- oder derjenigen tritt, die es durchgemacht haben, dann kommen sie sofort und fast unausweichlich immer zur selben Schlussfolgerung: Von einem rationalen Standpunkt aus betrachtet kann das, was geschehen ist, nie und nimmer der Grund einer solchen Wut oder einer anderen Emotion sein, egal welcher. Und selbst wenn man das Gegenteil zugibt, erscheint die Emotion auf jeden Fall als unangemessen, also als »anormal«, verglichen mit dem, was als Empfindung normal wäre. Tatsache ist: Solange jemand bei seiner Analyse rein intellektuell vorgeht, wird er nicht verstehen, welchen Einfluss dieses Ereignis auf ihn hatte.

Genau das trifft auch auf Virginie zu, wenn sie folgenden Gedankengang äußert: Man konnte ihre Mutter ja nicht dafür verantwortlich machen, an einem Infekt zu leiden, der ihr möglicherweise gefährlich werden konnte. Und es war nur richtig von den Medizinern, sie zu schützen, indem man sie von der Mutter trennte. Außerdem hatte man ihrer Mutter und ihrem Vater ja erlaubt, täglich Blickkontakt mit ihr aufzunehmen. Die Trennung hat auch nur einen Monat gedauert, anschließend war Virginie ja von ihren Eltern liebevoll umsorgt worden. Warum also sollte sie ihren Eltern böse sein? In der Tat hält jeder der genannten Punkte einer »objektiven« Analyse stand – aber genau darin liegt eben das

größte Problem, dem sich jemand, der wie Virginie an Verlassenheit leidet, gegenübersieht. Es gibt keinen vernünftigen Grund für sie, ihren Eltern gegenüber Wut, Trauer oder eine anders geartete Emotion zu empfinden, denn diese Eltern haben ja alles getan, was sie konnten, und das mit den ihnen zur Verfügung stehenden Mitteln, insbesondere den Mitteln, die ihnen die Medizin an die Hand gab.

In dem Moment, wo es nicht mehr logisch ist, traurig oder wütend zu sein, bleibt einem nur, das Recht auf diese Emotionen zu leugnen. Genau das macht der Leidende, indem er zugibt, sich des auslösenden Ereignisses bewusst zu sein. Und dabei wird er von Familie und Freunden noch unterstützt: »Es bringt doch nichts, in der Vergangenheit zu wühlen und sich gegen sein Schicksal aufzulehnen«, wird er zu hören bekommen. Noch schlimmer ist, dass bestimmte Therapeuten die Betroffenen dazu ermutigen, die Bedeutung dieses »banalen« Ereignisses kleinzureden, denn »es lohnt sich ja kaum, darüber zu sprechen«. Unabhängig davon muss man jedoch wissen, dass ein Betroffener sich meist nicht mehr an das Ereignis erinnert, denn die Sperre, die seine Denke errichtet hat, liegt lange zurück, meist in der frühen Kindheit. Außerdem war es für ihn hilfreich und sogar überlebenswichtig, diese Sperre zu errichten, wie das der Fall bei jedem Neugeborenen oder Kind ist, das sich in dieser Situation befindet.

Man kann sich auch verlassen fühlen, ohne jemals wirklich verlassen worden zu sein. Das bedeutet, dass es gar nicht nötig ist, körperlich von seinen Eltern getrennt zu werden, um sich von ihnen verlassen zu fühlen. Ein Kind braucht nun einmal Liebe, um gedeihen zu können. Aber nur eine bedingungslose Liebe kann bei ihm das Gefühl verstärken, um seiner selbst willen da zu sein, und demzufolge auch

das Gefühl, ein wichtiger Mensch zu sein, ein Mensch, der einen Wert hat. Das Kind braucht also nicht nur die aktive Unterstützung seiner Eltern, die sich um sein körperliches Wohl kümmern, denn es ist unfähig, selbst auf sich aufzupassen. Es braucht auch in psychologischer Hinsicht ihre Unterstützung, denn ihre Liebe ist unerlässlich für seine Seele. Jedes Ereignis, welches dem Kind über kurze oder lange Zeit einen dieser zwei Aspekte vorenthält, bringt es dazu, sich selbst abzuwerten. Selbstverständlich sind körperliche Misshandlungen und sexueller Missbrauch, die leider so häufig vorkommen, weitere wesentliche Gründe, die direkt zum Gefühl des Verlassenwerdens und zur Verlassenheit führen. Doch selbst ein Kind, das nicht Opfer körperlicher Gewalt ist, wird, wenn es regelmäßig von den Eltern erniedrigt, als Dummkopf oder Nichtsnutz bezeichnet wird, das Gefühl entwickeln, es habe keinerlei Wert und könne nicht geliebt werden, denn es ist ja eine totale »Niete«. Das Gleiche gilt für ein Kind, das von seinen Eltern vernachlässigt oder ignoriert wird. In den letztgenannten Fällen liegt keine körperliche Misshandlung vor, aber die seelischen Grausamkeiten sind schlimm. Jede dieser Verhaltensweisen gegenüber einem Kind führt dazu, dass es sich wertlos fühlt und sich dann selbst abwertet: Es redet sich nicht nur ein, bedeutungslos, sondern auch ein verdorbener, unbegabter, ja sogar ein böser Mensch zu sein. Schließlich denkt es dann, dass seine Eltern Recht damit haben, es wegzuschicken, es aus dem Familienzirkel zu verbannen, es zurückzuweisen und auszugrenzen. Auf diesem Nährboden gedeiht der zukünftige Verlassene.

Was lässt sich zum Verlassenwerden im biblischen Sinne sagen? Die Überzeugung, dass man bestraft werden muss, weil man der Versuchung nachgegeben hat, ist natürlich

eine sehr christlich-jüdische Sichtweise. Sicher, die Gläubigen können sich von einem Gott zurückgewiesen fühlen, der ihnen keine bedingungslose Liebe entgegenbringt, und man kann sich durchaus vorstellen, dass sie aus diesem Grund eine Verlassenheit entwickeln. Das wäre gleichbedeutend mit der Aussage, dass die christlich-jüdische Welt in ihrer Gesamtheit von der vermeintlichen Schuld der Erbsünde und der damit verbundenen Strafe geprägt ist. Demzufolge wären die Christen im Vergleich zu den Anhängern anderer Religionen prädestiniert dafür, an Verlassenheit zu leiden. Wie es aussieht, ist das aber nicht der Fall: An Verlassenheit zu leiden ist nicht dem christlich-jüdischen Kulturkreis vorbehalten. Es ist ein Gefühl, das Menschen aller Religionen, aller Rassen und aller Kulturen kennen und erleben.

Und noch eine Sicht auf das Verlassenwerden drängt sich auf: Es könnte einem Verlassenwerden gleichkommen, wenn die Nabelschnur durchtrennt wird, die den Fötus mit der Mutter verbindet. Keiner meiner Patienten ist jedoch in seiner Erinnerung bis zu diesem Ereignis zurückgegangen, obwohl einige sehr wohl bis zu ihrem Dasein als Fötus zurückgekehrt sind. Anscheinend ist es also nicht so, dass die Geburt und die Durchtrennung der Nabelschnur als ein Verlassenwerden empfunden wurden. Dass allerdings die körperliche Trennung, die auf eine Geburt folgen kann, zur Verlassenheit führen kann, haben wir am Beispiel von Virginie gesehen.

Was geht im Fötus, im Neugeborenen oder im Kind vor, wenn sie verlassen werden?

Viele Untersuchungen haben gezeigt, dass ein sechs Monate alter Fötus bereits Emotionen und ein Erinnerungsvermögen hat, dass sein Bewusstsein entwickelt und das Nervensystem voll ausgeprägt ist – wie bei der Geburt mit neun Monaten[6]. Also ist der Fötus neurologisch »ausgerüstet«, um in der Gebärmutter die Liebe oder auch die fehlende Liebe seiner Eltern zu spüren. Man weiß zum Beispiel, dass eine Mutter, die sich mit dem Vater des Kindes gut versteht, während der Schwangerschaft beruhigende Signale aussendet, die vom Fötus wahrgenommen werden und die seine Entwicklung begünstigen, sowohl in emotionaler als auch in körperlicher Hinsicht. Im gegenteiligen Fall reagiert der Fötus auf den Stress der Mutter, vor allem auf ihren Wunsch, das Kind nicht zu bekommen, egal, ob dieser Wunsch ihr nun bewusst oder unbewusst ist[7]. Ungewollte Kinder oder solche, deren Mütter ihre Liebe in utero nicht zu übermitteln wussten, riskieren viel eher seelische oder körperliche Beschwerden als solche, deren Mütter sie von Anfang an haben wollten. Ärzte, die sich mit dem Thema der Regression[8] befassen, kommen zu ähnlichen Schlussfolgerungen: »Der Fötus kann das Fehlen emotionaler Bindungen und einen Mangel an Liebe schon lange vor der Geburt spüren«, schreibt zum Beispiel Ingeborg Bosch Bonomo[9].

Der Fötus empfindet also den Mangel an Liebe, einen Mangel, der zu physischen und psychischen Beschwerden

führt – und zwar nicht nur beim Neugeborenen, sondern auch beim Kind und später beim Erwachsenen. Manche Untersuchungen haben sogar ergeben, dass das Risiko zu sterben bei unerwünschten Kindern während des ersten Lebensmonates zweimal höher ist als bei erwünschten Kindern[10]! Bei Kindern, die nicht genügend Zuneigung bekommen, kann es sogar zu einer fronto-limbischen Atrophie kommen[11]. Untersuchungen an Affen[12], die seit den sechziger Jahren des vergangenen Jahrhunderts vorgenommen wurden, hatten bereits gezeigt, dass die emotionale Isolation eine fronto-limbische Atrophie auslöst, mit der ein Abfall bestimmter Hormone einhergeht, die für die körperliche Entwicklung des Kindes nötig sind. Und es kam zu bedeutsamen Verhaltensänderungen, die sich auf unterschiedliche Art zeigten: Hoffnungslosigkeit, Gleichgültigkeit, Rückzug gegenüber der Umgebung. Wenn ein sehr kleines Kind von seiner Mutter oder seinem Vater getrennt wird, dann werden ihm plötzlich sensorische Stimuli vorenthalten, und sein limbisches System wird daran gehindert, sich normal zu entwickeln. Tatsache ist, dass die emotionale Isolation zu einer Hirnatrophie führt. Diese beruht also nicht auf dem tatsächlichen Tod, sondern auf der Abwesenheit oder dem Verschwinden eines emotional nahestehenden Menschen, der nicht ersetzt wird. Auf emotionaler Ebene ist die Situation mit einem Trauerfall vergleichbar, obwohl niemand gestorben ist[13]. Die fehlende Zuneigung eines ihm nahestehenden Menschen wird vom Kind als eine Art Todesfall oder Fortgehen erlebt. Nicht nur die dabei entstehenden Gefühle sind identisch, auch die Auswirkungen sind die gleichen, und sie haben ähnliche Missbildungen und Mängel zur Folge. Man darf aber nicht verschweigen, dass die Forschung auch gezeigt hat, dass nichts davon systematisch oder unwiderruf-

lich ist. Im Gegenteil: Alles ist mehr oder weniger reversibel – unter der Bedingung, dass das betroffene Kind erneut Zuneigung erfährt[14]. Trotzdem: Gänzlich oder teilweise fehlende Zuneigung hat entscheidende Auswirkungen auf die fötale und kindliche Entwicklung, und zwar sowohl physischer als auch psychologischer Natur.

Ein Neugeborenes, das zwar von seinen Eltern gewollt wurde, aber in einen Brutkasten muss, wird – wie wir es an Virginies Beispiel gesehen haben – ebenfalls einen Mangel an Liebe empfinden. Ganz einfach deshalb, weil es spürt, dass es für eine bestimmte Zeit – egal, ob kurz oder lang – ausgegrenzt wird. Es ist wichtig zu unterstreichen, dass dieses Gefühl eines Mangels nichts mit der wirklichen Dauer der Trennung zu tun hat, sondern dadurch bestimmt wird, was das Neugeborene empfindet. Für den Erwachsenen, der die Situation rein intellektuell analysiert, ist die »objektive« Dauer der Trennung ein entscheidender Faktor. Anhand dieses Faktors ist es möglich zu bestimmen, ob das, was das Neugeborene empfindet, einer »normalen« Reaktion entspricht. Aber die Realität ist eine ganz andere: Wer kann schon sagen, ob die Dauer der ohne die Eltern verbrachten Zeit als akzeptabel angesehen werden kann und nicht rechtfertigt, dass man von Verlassenwerden spricht? Welche Kriterien könnten uns erlauben, eine solche Periode »wissenschaftlich« zu definieren? Wenn wir die Betroffenen zu Wort kommen lassen, wird uns bewusst, dass bei ihren Erlebnissen die Zeit absolut kein Referenzwert ist. Während der eine von mehreren Tagen oder sogar einem Monat spricht, sind für einen anderen wenige Stunden entscheidend. Das Ergebnis ist jedoch immer das gleiche: Diese Zeitspanne hat gereicht, um bei diesen Menschen schon als Fötus oder als Kind das Gefühl auszulösen, nicht geliebt, sondern verlassen worden zu sein. Aus

diesem Grund sollte man die »Normen« als Werkzeug der Interpretation oder als Erklärung für dieses Phänomen besser ablehnen. Einzig das, was ein betroffener Mensch erlebt und empfunden hat, also die subjektive Realität, ist wichtig, und das ist gut so! Und diese Realität muss man berücksichtigen, damit der Betroffene den Weg der Genesung einschlagen kann.

Sich ausgegrenzt zu fühlen geschieht nicht nur unabhängig vom Faktor Zeit, sondern auch unabhängig vom Faktor der Intensität, wie er von Erwachsenen definiert wird. In diesem Sinn kann das, was ein Erwachsener als wenig intensiv empfindet, von einem Fötus, einem Neugeborenen oder einem Kind ganz anders erlebt werden. Betrachten wir das Beispiel eines Mannes oder einer Frau, die sich mit körperlichen Zärtlichkeiten nicht leichttun und die Probleme damit haben, einen anderen in die Arme zu nehmen. Ein Erwachsener könnte so ein Verhalten gut nachvollziehen, akzeptieren, was der- oder diejenige empfindet, und damit leben. Auch er würde es als einen Mangel empfinden, aber dieses Gefühl wäre nicht so intensiv wie das eines Neugeborenen oder eines Kindes, denn als Erwachsener kann er vernünftig damit umgehen. Er versteht jedenfalls, dass der Mensch, mit dem er lebt, ihn liebt, sich aber schwertut, das auch zu zeigen. Ein Neugeborenes hingegen wird einen Mangel an Herzlichkeit und an körperlicher Nähe empfinden, und die Intensität dieses Mangels wird weit größer sein als die, welche ein Erwachsener unter den gleichen Umständen verspüren würde.

Der Erwachsene, dem man seine Kälte vorwirft, hat in der Regel eine Antwort parat: Er argumentiert, dass er nicht überschwänglich sei, dass ihn das aber nicht daran hindere, das Neugeborene zu lieben, und zwar sehr! Das kann man selbstverständlich nicht in Zweifel ziehen, aber wenn das

Neugeborene sich ausgegrenzt fühlt, dann ist dieses Gefühl entscheidend – ein Gefühl, das zwar nicht dem des Erwachsenen entspricht, das aber vorrangig ist, wenn es darum geht, das Problem anzugehen. Hier zeigt sich erneut, dass allein das von einem Menschen – in diesem Fall von einem Neugeborenen – Erlebte berücksichtigt werden darf, wenn es darum geht, die Folgen mangelnder Liebe zu behandeln.

Wie so häufig gilt hier die Feststellung, dass es nicht eine Wahrheit gibt, sondern viele. Aus diesem Grund sollte man sich auch vor Urteilen hüten – in der einen wie in der anderen Richtung. Sonst wird der Dialog zwischen dem Elternteil und dem zum Erwachsenen gereiften Kind nur gestört.

Weder die Dauer noch die Intensität einer Trennung erlauben, das Verlassenwerden zu erfassen. So bleibt die wesentliche Frage nach dem Gefühlten: Was empfinden der Fötus, das Neugeborene und das Kind, wenn sie verdrängt, zurückgewiesen, vergessen oder beiseitegeschoben werden? »Trauer«, werden die meisten Erwachsenen antworten. Doch sehen wir es mit den Augen der Betroffenen, nicht mit denen der erwachsenen Eltern. Wenn wir ein Kind beobachten, das man aus einer Gruppe anderer Kinder entfernt, mit denen es weiterspielen möchte: Weint es bittere Tränen oder stampft es vor Wut auf? Es stampft auf. Also lautet die Antwort: »Wut«, wenigstens in der ersten Zeit. Es versteht sich von selbst, dass diese beiden Emotionen auch gemeinsam auftreten können, aber die Wut steht im Vordergrund. Versuchen wir jetzt also, uns vorzustellen, was ein Neugeborenes empfindet, wenn es sich zurückgewiesen und verlassen fühlt von den Menschen, die es doch eigentlich lieben, schützen, ernähren und versorgen sollten, wo es doch ganz und gar von ihnen abhängt. Seine Empfindungen werden zwangsweise unerhört heftig sein! Versuchen wir nur ganz kurz, uns an

die Stelle dieses Neugeborenen oder Kindes zu versetzen, das mit dieser Tatsache konfrontiert wird. Was würden wir am liebsten mit diesem Erwachsenen tun? Was würden wir ihm am liebsten sagen? Würden wir weinen oder diesem verantwortungslosen Menschen lieber ins Gesicht brüllen, dass er seine Pflichten gefälligst erfüllen soll? Dass er sich um uns kümmern soll, bis wir selbst dazu in der Lage sind, weil er uns auf die Welt gebracht hat? Möchten wir ihm sagen, dass wir ihm verzeihen, weil er sich nicht richtig um uns kümmert? Könnten wir ihm sagen, dass wir ihn verstehen und dass er deshalb so weitermachen darf?

Diese beiden letzten Reaktionen wären die von wohlmeinenden Erwachsenen, verantwortungslosen Therapeuten und Kindern oder Erwachsenen, die an Verlassenheit leiden. Es sind Lügen und Versuche, vor uns – den angeblich so verantwortungsvollen Erwachsenen – eine bestimmte Wahrheit zu verstecken: *Das Verlassenwerden kommt einem Mord gleich, ob er nun geplant ist oder nicht.* Und die Folge davon ist: *Ein verlassenes Kind ist das Opfer eines Mordversuchs.*

Diese Behauptung mag übertrieben und provozierend erscheinen. Der eine oder andere wird mir auch vorwerfen, zu drastisch zu sein. Versuchen wir also, diese Behauptung zu untermauern, ohne dabei jemandem etwas unterstellen zu wollen, aber auch ohne ihm etwas zugutezuhalten.

Eine Frau wird ungewollt schwanger: In den Ländern, in denen es die Möglichkeit eines Schwangerschaftsabbruchs gibt, kann sie den Entschluss fassen, diese Möglichkeit zu nutzen. Sicher mag dieser Schritt nicht leicht zu verkraften und auch diskutabel sein, aber in dem Moment, in dem die Frau dazu entschlossen ist und zu ihrem Schritt steht, gibt es keinen Grund, sie zu kritisieren – vor allem wenn man bedenkt, was wir heute über ungewollte Schwangerschaften

wissen. In Ländern, in denen ein Schwangerschaftsabbruch nicht legal ist, muss die Schwangere sich entweder dafür entscheiden, wenig ratsame Mittel anzuwenden, die oft auch gefährlich für sie selbst sind, um den Fötus abzutreiben, oder sie muss ihn austragen. Nehmen wir an, eine solche Frau behält das Kind aus den verschiedensten guten oder schlechten Gründen. Wie wir nun wissen, empfindet der Fötus ab einem Alter von sechs Monaten die Ablehnung oder fehlende Liebe seiner Mutter. Der Fötus sieht sich also einer erwachsenen Frau gegenüber, die ihn mit einem Mann gezeugt hat, der natürlich genauso Verantwortung trägt, der aber dieser Verantwortung nicht nachkommt. Diese allmächtigen Erwachsenen sind vielleicht bereit, das Kind zu ernähren, aber nicht, ihm die Wärme, die Ermutigung und die Liebe entgegenzubringen, die für sein gutes Gedeihen, seine Geburt und seine kindliche Entwicklung nötig sind, damit es zu einem glücklichen Menschen heranwachsen kann. In einer Gesellschaft wie der unseren, in der (fast) jeder genug zu essen hat, ist es sicher keine besondere Großtat, ein Neugeborenes oder ein Kind zu versorgen, das dazu nicht selbst in der Lage ist. Schließlich erspart es dem Erwachsenen hauptsächlich, sich vor Gericht wiederzufinden! Bedroht oder fördert es das Überleben eines Kindes, wenn man seine harmonische Entwicklung bewusst oder unbewusst hemmt, indem man es verlässt? Ein Kind zu ignorieren, es zurück- oder auszustoßen, obwohl es völlig von einem abhängt, bedeutet, es sowohl in körperlicher wie auch in seelischer Hinsicht herabzusetzen. Das ist überaus grausam, ein Akt roher Gewalt, der von einem erwachsenen und allmächtigen Täter ausgeführt wird, und manchmal auch von mehreren! Und das Opfer hat keinerlei Möglichkeit, sich zu verteidigen. Dieses Verhalten kann nur mit einem Mordversuch gleichgesetzt werden.

Kommen wir nun wieder zu dem Opfer zurück, denn wir wollen sehen, was dieses sich einfallen lässt, um angesichts einer solchen Brutalität zu überleben. Es verspürt eine große Wut, aber wohin damit? Im Falle des Fötus nirgendwohin, ein Neugeborenes oder ein Kind hingegen wird versuchen, diese Wut durch Schreien zu äußern. Allerdings wird es sehr schnell erkennen, dass es sich damit nur den Zorn derjenigen zuzieht, die seine Existenz sowieso schon leugnen. Also wird es mit dem Protest aufhören und sich so verhalten, dass es von den Erwachsenen, die es versorgen, toleriert wird. Und dadurch erschafft es ein inneres Schutzsystem, das ihm das Überleben ermöglicht. Dieses System hat einen Namen: die »Denke«.

Die »Denke«: Definition

Zuerst einmal ist es wichtig, die Denke vom nützlichen Teil des Gehirns abzugrenzen. Durch sein Gehirn – so sieht es zumindest der Mensch selbst – unterscheidet er sich vom Rest aller Lebewesen: Beim Gehirn handelt es sich um ein außerordentlich komplexes Organ, das die Wissenschaft – und hier vor allem die Neurowissenschaft – gerade erst anfängt zu entdecken. Es erlaubt uns nachzudenken, zu planen, Ideen zu haben, zu erfinden, und es macht aus uns denkende, entwickelte und kreative Wesen, die mit großartigen Fähigkeiten ausgestattet sind, von denen wir bisher leider nur einen sehr geringen Teil ausgeschöpft haben. Eben dieses Gehirn erlaubt es uns, Erlebtes einzuprägen. So kommt es, dass jedes Ereignis in unserem Leben sich in unserem Gedächtnis fest-

schreibt. Das Gedächtnis ist fähig, sich daran zu erinnern, wie ein Ereignis abgelaufen ist (historisches Gedächtnis), aber auch an die damit verbundenen Gefühle (emotionales Gedächtnis). Oft gewinnt das emotionale Gedächtnis die Oberhand über das historische Gedächtnis und umgekehrt. Außerdem kommt es vor, dass wir einer Gedächtnisart den Vorrang geben, wenn uns beide zur Verfügung stehen. Die Gründe dafür sind unterschiedlich. So erklärt sich, warum die Erinnerungen verschiedener Personen stark voneinander abweichen können, auch wenn es um ein- und dasselbe Ereignis geht. Das Gehirn erlaubt uns auch, unserem Willen zu folgen: Ich möchte, dass es mir gutgeht, also entschließe ich mich beispielsweise dazu, mich gesund zu ernähren und nicht exzessiv zu leben. Erinnern wir uns einfach immer daran, dass wir keinerlei körperliche Anspannung verspüren, wenn wir unser Gehirn nutzen. Ganz im Gegenteil: Eine sanfte Erregung, eine große Ruhe und eine gewisse Ausgeglichenheit herrschen in uns.

Unser Gedächtnis ist auch in der Lage, uns zu helfen, ein Projekt zeitlich zu planen, zum Beispiel über einen Zeitraum von zwei Jahren. In diesem Fall dient unser Gedächtnis unseren Wünschen. In der Folge verhält es sich mehr oder weniger leistungsbereit, was von vielen Faktoren abhängt: unseren Kenntnissen über das Thema, unserem geistigen Niveau, unserer Kommunikationsfähigkeit. Unser Gehirn arbeitet hier und jetzt an der Zukunft, indem es Kenntnisse aus vergangenen Erfahrungen nutzt, die in unserem Gedächtnis abgespeichert sind. Es kann weder morgen noch gestern arbeiten! Es wird auch morgen arbeiten können (das hoffen wir zumindest!), und es konnte gestern arbeiten, aber es kann ein Projekt nur in der Gegenwart angehen. Unser Gehirn funktioniert genau wie unsere Hände, unsere Füße

und jedes andere Körperorgan nur in der Gegenwart. Deshalb kann der Kontakt zum emotionalen Gedächtnis auch nur im Hier und Jetzt hergestellt werden. Diese Ausführungen sind wichtig, um den Unterschied zwischen Gedächtnis und Denke zu verstehen.

Die Denke, die wir auch das Ego nennen können, schneidet uns von unserer ursprünglichen Natur ab. Die Denke gehört zum bloßen Schein, nicht zum Sein. Sie zeigt sich auf verschiedene Arten, deren gemeinsamer Nenner es ist, Leid auszulösen:

Unsere Denke schneidet uns ab von der Gegenwart:
- Sie projiziert uns in die Zukunft, was Anspannung auslöst, die wir körperlich empfinden und je nach Heftigkeit anders nennen – Furcht, mangelndes Selbstvertrauen, Angst, Beklommenheit, Phobie oder Panik.
- Sie zwingt uns in die Vergangenheit, was ebenfalls zu einer Anspannung führt, die wir körperlich empfinden, aber als Reue, Schuldbewusstsein oder Gewissensbisse bezeichnen.

Unsere Denke schneidet uns auch ab von unseren Emotionen:
- Sie hindert uns daran zu erkennen, dass wir Emotionen wie Freude, Trauer und Wut empfinden. Indem sie das tut, bringt sie uns dazu zu sagen, dass wir uns frustriert oder ohnmächtig fühlen, ohne dass es uns gelingt, die Wut zu erkennen, die hinter diesen Worten steht. So erlaubt sie uns beispielsweise, uns ohne jegliche Empfindung schreckliche Szenen anzuschauen, die in den Fernsehnachrichten gezeigt werden: Bilder von Kriegsschauplätzen oder von Kindern, die an schlimmer Unterernährung leiden usw.

🌂 Sie hindert uns auch daran, diese Emotionen zu spüren. So sagen wir zum Beispiel: »Ja, ich bin traurig, aber nicht traurig genug, um zu weinen«, denn wir gestehen uns nicht das Recht zu, dem, was wir empfinden, wirklich Raum zu geben. Das tun wir aus zahlreichen guten Gründen, die uns unsere brillante Denke liefert, und stehen damit im Gegensatz zu dem Teil in uns, der in uns verborgen liegt und der wirklich und wahrhaftig traurig ist.

🌂 Und schließlich hindert sie uns daran, unsere Emotionen auszuleben, das heißt sie auszudrücken; die Denke blockiert sie und verschließt sie in unserem Innern.

Die Denke veranlasst uns auch, zwischen Menschen zu vergleichen. Daher stammen unsere Werturteile, unsere Intoleranz und das Gefühl, unter- oder überlegen zu sein. Aufgrund unserer Denke lernen wir eher die Abneigung denn die Liebe, halten uns am äußeren Schein der Dinge und der Menschen fest und unterwerfen uns einer Welt voller Illusionen. Unsere Denke ist der Teil in uns, der uns dazu bringt, die von der Gesellschaft aufgestellten Normen zu akzeptieren, selbst wenn sie nicht unseren persönlichen Werten entsprechen. Sie ist der Teil in uns, der es eben dieser Gesellschaft erlaubt, uns zu normen, damit wir Ideale respektieren, die oft nichts mit dem Respekt für einen Menschen zu tun haben.

Unsere Denke trennt uns von unserem angeborenen Wissen, also von allem, was aus uns einzigartige, mit einer tiefen Weisheit ausgestattete Wesen macht. So schneidet sie uns ab von unserer Intuition, unserer Kreativität, unserem Wissen außerhalb der Schulweisheiten, von unserer Beziehung zum Rest des Universums und von vielerlei anderen Möglichkeiten, mit der Welt in Kontakt zu treten, die uns erlauben zu sein

und nicht zu scheinen. Sie trennt uns von dem, was ich einmal als unseren »wesentlichen Kern«[15] bezeichnet habe. Sie steht für die Ignoranz, aufgrund derselben wir uns an alles Oberflächliche und Illusorische halten, statt an die reale innere Welt und an unsere angeborene Spiritualität.

Das Ego bzw. die Denke besteht aus allem, was uns von uns selbst entfernt. Die »um sich selbst kreisenden Gedanken«, also Gedanken, die in unserem Kopf widerhallen, statt den Weg frei zu machen für echtes Nachdenken, zeugen von den Aktivitäten der Denke[16]. Diese Gedanken, die festlegen, was gut und was schlecht ist, sind der Ausgangspunkt unserer Werturteile. Sie nisten sich ein und beschränken ein Individuum dahingehend, was anderen zufolge »annehmbar und normal« ist. So machen sie aus einem einzigartigen Wesen ein braves und gedrilltes Schaf, das allerdings aufgrund dessen sofortiges Leid und Unwohlsein empfindet.

Unsere Denke ist das Produkt unserer Erziehung. Je genauer ein Kind die zu befolgenden Regeln kennenlernt, desto weiter entwickelt sich auch seine Denke. Die Erziehung stellt die Normen auf, die ein Individuum übernehmen soll, das von den anderen akzeptiert werden möchte. So hört sich das Kind sagen: »Es ist nicht gut zu weinen, auch nicht, wenn du wütend bist. Das bringt nichts, man verärgert damit seine Eltern nur noch mehr« oder »Hör auf zu weinen. Wenn deine Puppe kaputtgegangen ist, dann bekommst du sicher eine noch schönere als Ersatz.« Solche Überlegungen lassen das Kind verstehen, dass seine Art zu empfinden sich ändern, sich entwickeln muss, und dass es nur über diese eine Bedingung später einmal der Welt der Erwachsenen angehören kann. In dieser Welt ist es nicht gut angesehen, bestimmte Emotionen zu haben, schlimmer noch, man verbindet große

Schwächen damit. Das Gleiche gilt, wenn das Kind erst einmal entdeckt hat, dass es ein Gestern und ein Morgen gibt. Seine Erziehung gaukelt ihm vor, dass es am intelligentesten ist, in eine virtuelle Welt aus Zukunft und Vergangenheit einzutauchen und die Gegenwart zu verschmähen.

Die Religion ist eine andere wichtige Quelle, aus der unsere Denke schöpft. Die Art, wie sie gelehrt wird und die oft an einen bestimmten Lebensstil geknüpft ist, kann sich als sehr einschränkend erweisen und das Individuum in seinem Wesen stark einengen. Sie kann auch an der Entwicklung des Egos teilhaben, und zwar durch die engstirnige Art, wie sie unterrichtet und praktiziert wird. Alle Religionen ohne Ausnahme sind von dem betroffen, was gerade gesagt wurde, einschließlich der philosophischeren Ansätze, wie z.B. der Buddhismus einer ist. Solange der Religionsunterricht in den Händen bestimmter Personen liegt, die hauptsächlich an der Ausübung von Macht interessiert sind, wird sich daran auch nichts ändern – was eigentlich der Gipfel der Frechheit ist, denn predigen nicht alle Religionen die Liebe?

Unsere Denke wird auch von der Wissenschaft gefördert, die durch die Diskurse ihrer Anhänger die Tendenz hat, dem modernen Menschen ihre »Wahrheiten« zu diktieren. Natürlich kommt es nicht infrage zu behaupten, dass alles, was die Wissenschaft dem Menschen an Kenntnissen und an körperlichem Wohlsein bringt und noch bringen wird, abzulehnen ist. Aber es gilt zu betonen, dass die Wissenschaft, sobald sie sich das Recht anmaßt, die einzige Quelle der Wahrheit zu sein, ausdrücklich daran teilhat, unsere Denke zu stärken und uns so von uns selbst zu entfernen.

Man könnte noch viele andere Quellen aufzählen, aber es ist gar nicht meine Absicht, hier ein vollständiges Verzeichnis zu erstellen. Ich möchte vielmehr betonen, dass alles, was der

Denke Nahrung gibt, den Menschen im gleichen Moment in seinem Wesen beschränkt.

Ist die Denke nützlich?

Nach allem, was bisher geschrieben wurde, drängt sich natürlich ein »Nein« als Antwort auf. Wir werden aber sehen, dass es eine Ausnahme gibt und dass diese wichtig ist. Von dieser Ausnahme abgesehen, würde ich sagen, dass unsere Denke komplett unnütz ist. Mehr noch, ich würde sagen, dass sie uns daran hindert zu sein, was wir sind: einzigartige Wesen, die in der Gegenwart leben und von Emotionen und einem angeborenen Wissen geleitet werden, die uns ermöglichen zu sein, und das im besten Sinn des Wortes.

Unsere Denke beschränkt und beengt uns, schließt uns ein, verdammt uns dazu, klein zu sein, obwohl wir doch Giganten sind. Sie ist es, die ein teuflisches Stimmengewirr in unseren Köpfen auslöst, obwohl jeder Klang klar und deutlich zu verstehen ist, sobald die Denke schweigt. Die Denke ist es auch, die unsere Kreativität lähmt und uns daran hindert, in Kontakt mit unserer Intuition zu treten. Ihre Einmischung zeigt sich in einer ständigen körperlichen Anspannung, mit der unser Körper uns zu zeigen versucht, dass wir dabei sind, uns von unserem Innersten zu entfernen und uns zu verlieren. Diese Anspannung ist das erste Zeichen, das wir unbedingt wahrnehmen müssen, wenn wir nicht in Unwohlsein oder eine Krankheit abrutschen wollen. Aus all dem geht klar hervor, dass unsere Denke völlig unnütz ist.

Um uns von der Richtigkeit dieser Ansicht zu überzeugen, braucht es nur eine kleine praktische Übung: Setzen wir uns

mit einem Stift und einem großen Blatt Papier an einen Tisch und versuchen wir, zehn Minuten lang all die wirren Gedanken aufzuschreiben, die uns durch den Kopf gehen. Wir werden alle erstaunt feststellen, was für ein planloser Wust aus unserer brillanten Denke auftaucht – und direkt in der größten Rumpelkammer landen sollte, die wir uns vorstellen können! Welch fabelhafter Beweis für die Machenschaften unserer Denke. Sollte ein solcher Beweis uns nicht daran hindern, uns dieser teuflischen Maschine anzuvertrauen?

Manch einer mag argumentieren, dass wir ohne unsere Denke gar nicht die Möglichkeit hätten, wiederzuentdecken, dass wir fähig sind zu Glück, Liebe und zu einem ausgeglichenen Wesen. Dieser intellektuelle Zugang ist verführerisch, aber er bringt uns zu der berühmten Debatte zurück, an der sich schon so viele Philosophen abgemüht haben: Wenn Gott existiert, wenn er die Liebe und die Allmacht ist, wie kann es dann sein, dass es auf der Welt so viele Kriege und mörderische Vorfälle gibt? Diese Debatte ist noch immer von großer Aktualität, und meines Wissens hat noch niemand eine Antwort darauf gefunden. Sie ist auch sehr christlich-jüdisch. Andere philosophische Schulen, wie etwa der Buddhismus, gehen anders an diese Frage heran. Sie erinnern an den Schleier der Unkenntnis, der die wahre Natur des Menschen vor ihm verbirgt. Jeder Ansatz enthält ein Körnchen Wahrheit, aber keiner kann die gestellte Frage definitiv beantworten. Es ist eine interessante Frage, die aber, auch wenn man die Antwort darauf wüsste, das Individuum trotzdem nicht von seiner Anspannung befreien würde.

Manch anderer findet, dass unsere Denke, Ort der Glaubenssätze und der »um sich selbst kreisenden Gedanken«, nützlich ist, weil sie uns erlaubt zu erkennen, dass diese Glaubenssätze und Gedanken uns einschränken, indem sie

uns in einen Zustand der Tatenlosigkeit, der Angst und des Unwohlseins versetzen. Das entspricht der im Absatz zuvor angesprochenen Version, die man folgendermaßen zusammenfassen könnte: Wenn der Mensch das Unglück nicht kennen würde, wäre er unfähig, das Glück zu schätzen. Unsere Denke wäre demzufolge sehr nützlich, weil sie uns bewusst macht, wie leicht es ist, uns selbst Schlechtes anzutun, aber auch das Gegenteil: »Wieder-Entdecken« (denn wir wissen es ja tief in uns drin, haben es aber vergessen), wie leicht es ist, uns selbst Gutes zu tun.

Diese Art, das Dasein zu betrachten, kann auf den ersten Blick sehr verführerisch sein, aber im Grunde ist auch sie sehr moralisch und beschränkend: Man muss leiden, um das Paradies zu verdienen. Außerdem mündet sie in einen gefährlichen Therapieansatz: die Beherrschung der Denke, wie sie von zahlreichen Denkschulen auf der ganzen Welt angepriesen und gelehrt wird. Dieser Ansatz beruht auf der Annahme, dass unsere Denke, die ganz sicher vorhanden und nützlich ist, nicht völlig frei sein darf, denn sonst treten Unwohlsein sowie körperliche und seelische Störungen auf. Daher ist es auch wichtig, sie an der kurzen Leine zu halten, um sie steuern zu können, statt sich von ihr steuern zu lassen. Bei dieser Vorgehensweise kommen Techniken und Mittel zum Einsatz, die es dem Individuum angeblich erlauben, sein Ziel zu erreichen. Sie alle verlangen eine große Einsatzbereitschaft, denn die Denke kennt keine Auszeit. Wer diese Mittel praktiziert, muss seine Denke also mit eisernem Willen im Zaum halten. Die kleinste Unaufmerksamkeit reicht, und die ganze Prozession aus Unwohlsein, Beschränkungen und irrigen Überzeugungen taucht wieder auf. Außerdem, und darauf werden wir noch zu sprechen kommen, erlauben diese Techniken es nicht, Kontakt zu den eigenen Emotio-

nen aufzunehmen, denn die Denke ist immer aktiv, weshalb sie folgerichtig ihr Werk fortsetzt, uns zu blockieren und von unserem Innersten abzutrennen.

Die Denke ist also völlig unnütz, außer zu einer ganz bestimmten Zeit: Sie erlaubt dem Fötus, dem Neugeborenen und dem Kind zu überleben, indem sie dafür sorgt, dass dieses junge Wesen die Aggression, deren Opfer es wird, nicht mehr spürt und – besser noch – nicht mehr erkennt. Aufgrund dessen wird die Aggression nicht mehr als das wahrgenommen, was sie in Wirklichkeit ist, nämlich ein brutaler, destruktiver Akt, sondern sie wird als erträglich eingestuft. So hilft die Denke dem Opfer, sich an seine feindselige Umgebung anzupassen, vor allem aber an den Aggressor selbst, mit dem es ja nun einmal auskommen muss. Sie erlaubt dem Kind, angesichts der Aggression zu überleben, die sein körperliches und seelisches Wohlergehen gefährdet. Die Denke ist das Mittel, mit dessen Hilfe das Kind versuchen wird, das Vertrauen und die Liebe zu gewinnen, die es von seinen Eltern erwartet. Das Kind wird verstehen, dass es, da es nicht um seiner selbst willen geliebt werden kann, ein anderer werden muss, wenn es diese ersehnte Liebe bekommen möchte, die für seine Zukunft so lebenswichtig ist. Es wird verstehen, dass es seinem Untergang entgegengeht, wenn es darauf beharrt, es selbst zu bleiben. Es muss sich also ändern, um sein Überleben sicherzustellen, was bedeutet, dass es die Art ändern muss, wie es sich gibt, wie es reagiert, wie es lebt. Die Denke wird das Opfer lehren, dass es sich wohl oder übel an das anpassen muss, was es erleidet. Ein Kind muss das nicht nur verstehen, sondern es muss auch handeln: sich zwingen, jemand zu werden, der es nicht ist, um zu gefallen, geduldet und vielleicht sogar geliebt zu werden. Das Kind versteht eines sehr genau: Wenn es ist, wie es ist, wird es nicht geliebt,

denn es ist nicht liebenswert. Das ist die einzige Schlussfolgerung aus dem, was es durchlebt, oder eher aus dem, was zu durchleben man es zwingt!

Die Botschaft, die bei dem Kind ankommt, ist sehr einfach. Sie lautet: Du bist nicht liebenswert. Was man auch folgendermaßen ausdrücken könnte: Dich kann man nicht lieben oder du bist niemand, den man lieben kann. Anhand dieses Grundthemas können alle Abstufungen durchdekliniert werden, aber die Botschaft, die vom Erwachsenen ausgeht und vom Kind gehört wird, ist im Grunde immer die oben genannte, und sie ist von großer Bedeutung. Außerdem macht das Kind sie sich bald zu eigen. »Ich bin nicht liebenswert, mich man nicht lieben«, sagt es sich selbst. Wir werden sehen, dass dieser Gedanke die Wurzel aller Leiden ist, die sich die Verlassenen auferlegen.

Der folgende Fall zeigt sehr anschaulich, was bisher gesagt wurde. Jean ist ein junger Mann von 25 Jahren. Seit zwei Jahren ist er bei einer Psychiaterin in Behandlung, die ihm dabei geholfen hat, eine Reihe von Gegebenheiten in seinem Leben ans Licht zu holen, vor allem die Tatsache, dass er von seiner Mutter schlecht behandelt wurde. So erzählt er mir, dass seine Mutter, die er übrigens beim Vornamen nennt, ihm nie Liebe geschenkt hat und ihn im Alter von acht Monaten ihrer eigenen Mutter anvertraut hat, die er auch als seine wahre Mama ansieht. Als er viereinhalb Jahre alt war, erkrankte die Großmutter, und Jean musste in ein Heim. Er erinnert sich noch sehr gut an die Szene, die er seiner Mutter gemacht hat, und an den Zorn, den er vor dem Eingang zum Heim empfand: »Das habe ich nie vergessen, und ich will und kann meiner Mutter nicht verzeihen, dass sie mich an diesem Ort alleingelassen hat.« Indem er das alles mithilfe seiner Psychiaterin analysiert hat, ist ihm nach und nach

bewusst geworden, dass das Erlebte ihm auch heute noch Probleme bereitet, insbesondere wenn es um seine Beziehungen zu Frauen geht. Er neigt dazu, sie zu verlassen, sobald die Beziehung zu »erdrückend« wird, wie er es nennt. Tatsache ist, dass es ihm nicht gelingt, ihnen zu vertrauen, und dass er krankhaft eifersüchtig ist. Die Psychiaterin rät ihm, die Vergangenheit und die Erlebnisse mit der Mutter zu akzeptieren, um im Leben wieder nach vorn blicken zu können. »Sie müssen Ihre Ohnmacht akzeptieren, weil Sie die Dinge nicht ändern können, die vergangen sind«, lautet der Satz, der bei Jean eine »heftige Wut« auslöst, wie er es selbst bezeichnet, und ihn dazu bringt, mich aufzusuchen. »Ich will mein Problem loswerden und nach vorn schauen, statt immer nur darüber zu reden«, sagt er während unseres ersten Treffens. Auch die Tatsache, dass ich ein Mann sei, beruhige ihn, fügt Jean hinzu.

Einige Tage nach diesem ersten Treffen begibt Jean sich zu einer Hypnosesitzung, die seit Langem geplant ist. Er will genauer erfahren, was sich in der Beziehung mit seiner Mutter abgespielt hat. Während dieser Sitzung kehrt er in die fötale Phase zurück. Er ist im Bauch seiner Mutter nicht willkommen gewesen, stellt er fest und fügt hinzu: »Wenn ich nicht in ihrem Bauch sterben wollte, musste ich so schnell wie möglich dort heraus, um zu leben.« Jean erzählt auch, dass er sich im Bauch seiner Mutter eingeengt fühlte. Er sagt, dass seine Mutter damals »magersüchtig war und ihn nicht wollte«.

Daraufhin frage ich Jean, was er dabei empfunden hat. Seine Antwort: »Wut, schreckliche Wut.« Wie zum Beweis habe der Therapeut, der ihn hypnotisiert hatte, nach der Sitzung lange gebraucht, ihn wieder zu beruhigen, denn er sei ein einziges »Nervenbündel« gewesen und habe kurz vor dem »Explodieren« gestanden, erzählt Jean. Da er es nicht

mehr aushielt, hatte Jean im Anschluss seine Mutter aufgesucht, um ihr davon zu erzählen, doch sie weigerte sich zuzugeben, dass sie ihn nicht gewollt hatte. Sie weigerte sich außerdem, ihre damalige Magersucht einzugestehen, und behauptete stattdessen, dass die Probleme erst einige Monate nach seiner Geburt angefangen hätten. Immerhin erzählte sie ihm, dass er im sechsten Monat als Frühgeburt auf die Welt gekommen ist.

Nachdem er all dies durchgemacht hatte, kommt Jean wieder in meine Praxis. Er sagt, er fühle sich schlecht, erschöpft, und fährt fort: »Ich fühle mich beschmutzt von all den Lügen und bin noch wütender auf meine Mutter, die nicht zugeben will, dass das, was ich unter Hypnose herausgefunden habe, dem entspricht, was sie während ihrer Schwangerschaft durchlitten hat. Ich habe den Eindruck, dass sie mir immer noch nicht zugesteht, auf der Welt zu sein. Ich fühle mich ohnmächtig. Im Grunde genommen sind die Dinge nun einmal, wie sie sind. Ich muss das akzeptieren. Wenn mir das gelingt, kann ich auch wieder in Frieden leben.«

»Wie wollen Sie das anstellen?«
»Ich muss nur den Rat meiner Psychiaterin befolgen und meiner Mutter verzeihen, der gar nicht bewusst ist, was sie mir angetan hat, und die mich auf ihre Weise ja doch liebt. Außerdem kann ich ihr nicht wirklich böse sein, wenn man bedenkt, was sie selbst im Anschluss an die Geburt erleiden musste, als sie magersüchtig und depressiv war, weshalb sie sich auch gezwungen sah, mich ihrer eigenen Mutter anzuvertrauen.«

Wir befinden uns hier im Zentrum der Problematik, mit der ein Verlassener kämpft: In seinem tiefsten Innern findet

sich eine – meist gut maskierte, also weder erkannte noch empfundene – jähe Wut, die mit den Erlebnissen der Vergangenheit zusammenhängt. An der Oberfläche beeinflussen Denkmuster, Logik, »Wohlwollen«, Erziehung und sogar Therapien die Gedanken und bringen den Betroffenen zu dem Schluss, dass »all das der Vergangenheit angehört und vergessen werden sollte«. Leider ist das Ganze nicht folgenlos: Zwischen dem tiefsten Innern und der Oberfläche entsteht eine große Spannung, die heftiges Unwohlsein und großes Leid auslöst. Um zu überleben, will das Opfer mithilfe seiner Denke das Geschehene und seine Bedeutung kleinreden. Damit versucht es in gewisser Hinsicht, das Erlebte zu »normalisieren«, es erträglich zu machen und seinem Peiniger zu verzeihen.

Indem das Opfer anders reagiert und ein neues Verhalten an den Tag legt, das besser zu dem Umfeld passt, in dem es leben – oder vielmehr überleben – muss, hat es die Möglichkeit, sich vor weiteren schmerzlichen Episoden zu schützen. So bringt die Denke das Opfer dazu, sein Leben dergestalt einzurichten, dass es alles tun kann, um dem Anderen zu gefallen, von ihm akzeptiert und vielleicht sogar geliebt zu werden. Der Verlassene versucht einfach nur, seinen Platz im Clan wiederzuerlangen, wieder dazuzugehören. Als Opfer, dem der Opferstatus ja gar nicht wirklich zuerkannt wird, greift es zu einer Überlebensstrategie, die darauf zielt, was seiner Meinung nach sein Peiniger will. Dadurch verleugnet es aber sein wahres Wesen.

Die Konsequenz daraus wird eine Existenz sein, die von Angst und Gewalt sowohl gegenüber anderen als auch gegenüber sich selbst geprägt ist. Das kann bis zum Selbstmord gehen – vergleichen wir nur die Zahl der Todesfälle im ersten Lebensmonat bei nicht gewollten Kindern mit denen

bei gewollten Kindern. Das Wort »Selbstmord« mag hart erscheinen und irritieren, aber kommt es nicht der Entscheidung gleich, sich umzubringen, wenn man an einer Krankheit stirbt, die man sich selbst auferlegt hat? Nach außen hin sind es zweierlei Dinge, aber es läuft aufs Gleiche hinaus: Ein Mensch verlässt diese Welt, weil es hier keinen Platz mehr gibt, an dem er bleiben möchte.

Wenn das Opfer später einmal herausfindet, was es durchgemacht hat (meist passiert das im Erwachsenenalter), dann versucht es alles, um das Geschehene zu verharmlosen. Dieser Wunsch nach Verharmlosung ist immer ein Werk der Denke. Allerdings ist diese Denke jetzt nicht mehr der Retter, der sie in der Kindheit war, sondern vielmehr der Grund für die Anspannung. Und die Denke ist auch der Grund dafür, warum das Opfer Schuldgefühle dabei hätte, seinen Peiniger anzuklagen und ihn leiden zu lassen. Es kommt nämlich in der Tat vor, dass ein Vater oder eine Mutter, die von einem Opfer beschuldigt werden, selbst anfangen zu leiden, wenn sie sich der Tragweite ihres Verhaltens bewusst werden.

Als Kind überlebt der Verlassene nur dank seiner Denke. Sie ist also sehr nützlich bis zu dem Moment, in dem er sich als Jugendlicher selbst um seine Grundbedürfnisse kümmern kann. Dennoch fällt es einem Verlassenen sehr schwer, seine Denke »an den Nagel zu hängen«: Schließlich hat sie ihm einst das Leben gerettet. Doch von dem Moment an, in dem ein junger Mensch in der Lage ist, sich um sich selbst zu kümmern, und sich nicht mehr vor den anderen schützen muss, wird seine Denke nutzlos, mehr noch, sie bremst seine Heilung massiv oder verhindert diese sogar ganz. Es muss dem Verlassenen also gelingen, seine Denke zum Schweigen zu bringen, wenn er will, dass es ihm besser geht und er genesen kann. Das werden wir uns genauer ansehen.

Kapitel 2: Sich verlassen fühlen

Von sich zu behaupten, er fühle sich verlassen, kommt einem Verlassenen nicht unbedingt in den Sinn, wenn er sich in einer Arztpraxis wiederfindet. Das lässt sich sehr gut mit den Gründen erklären, von denen bereits im vorigen Kapitel die Rede war: Bei den Betroffenen zeigen sich verschiedene körperliche und seelische Leiden, die nicht spezifisch für das Verlassenwerden sind, und erst bei dem Versuch, die Bedeutung dieser Leiden zu erkunden, wird der Verlassene nach und nach erkennen, was sich dahinter verbirgt. Diese Erkenntnis geht nicht ohne Schmerz einher, denn selbst wenn die Tatsache, dass ein Mensch verlassen wurde, dem außenstehenden Betrachter eindeutig erscheint, wird sie vom Betroffenen als solche nicht erkannt.

In einem ersten Schritt muss dieser sich das Recht nehmen anzuerkennen, dass er verlassen wurde. Anschließend kann er ins Auge fassen, dass das, was er erlebt hat, auch sein jetziges Leben beeinflusst. Selbst wenn es eindeutig und nicht zu leugnen ist, dass jemand verlassen wurde, wie das bei adoptierten Kindern der Fall ist, wird doch die Tat derjenigen, die das Kind verlassen haben, vom Opfer verharmlost. Regelmäßig brauchen die Betroffenen sehr viel Zeit, um das ganze Ausmaß der Konsequenzen zu erfassen, die diese Erfahrung des Verlassenwerdens auf ihr späteres Gefühlsleben und ihre Beziehungen hat.

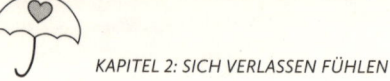

Pascale: »Ich bin Super-Pascale!«

Pascale ist 35 Jahre alt und leidet seit zehn Jahren an Blasenentzündungen. Immer wenn sie auftauchen, ist eine Behandlung mit Antibiotika nötig. Begonnen haben die Blasenentzündungen im Alter von 24 Jahren, und jedes Jahr hat Pascale etwa zehn davon. Obwohl jede denkbare Untersuchung durchgeführt wurde, konnte keine Ursache dafür gefunden werden, warum die Patientin ständig an diesen Blasenentzündungen leidet. Pascale hat zwei Kinder; ihren Mann hat sie mit 23 Jahren kennengelernt und mit 25 geheiratet. Abgesehen von zahlreichen Mittelohrentzündungen während der Kindheit, weist nichts an ihrem Gesundheitszustand auf diese auffälligen Wiederholungen hin. Ihr geht es gut, und Pascale erzählt mir, dass sie keine größeren Sorgen im Leben habe: Sie arbeitet in den Medien, hat keine finanziellen Sorgen und weder mit den Kindern noch mit ihrem Mann Probleme. In ihrem Leben gibt es auch keinen Anlass für erhöhten Stress. Aber natürlich möchte sie wissen, was ihr Körper ihr mit diesen wiederholten Blasenentzündungen sagen will. Da sie eines meiner Bücher gelesen hat, beschließt sie, mich aufzusuchen, um ihren Körper zu verstehen und vor allem um zu genesen.

Da ich weiß, dass Blasenentzündungen häufig sowohl mit mangelnder Flüssigkeitszufuhr – was aber auf Pascale nicht zutrifft – als auch mit Angstzuständen zu tun haben, frage ich sie: »Haben Sie oft Angst, Befürchtungen oder Panik?« Zuerst verneint sie. Als Beweis führt sie an, dass sie ja oft mit den Kindern allein sei, wenn man die häufigen Geschäftsrei-

sen ihres Mannes berücksichtigt. Und da habe sie auch keine Angst, erklärt sie mir. Ich frage sie, was sie empfindet, wenn sie allein mit den Kindern ist. Sie antwortet mir, dass ihr das nicht gefällt, dass sie aber diese Reisen akzeptieren müsse, da sie nun einmal zum Beruf ihres Mannes gehören. Ich versuche, sie besser zu verstehen: »Was empfinden Sie während seiner Abwesenheit?«

»Nichts Besonderes. Ich akzeptiere seine Abwesenheit voll und ganz. Außerdem bin ich dieses Leben gewöhnt, denn schon mein Vater musste oft verreisen, als ich noch ein Kind war.«

Also sah sich Pascale seit ihrer frühesten Kindheit mit einem Lebensstil konfrontiert, den sie als »angenehm« bezeichnet, denn er erlaubt ihr, allein mit sich zu sein und »sich Gutes zu tun«. Wieder versuche ich, sie richtig zu verstehen: »Inwieweit tut Ihnen das gut?«

»Die Freiheit, die ich habe, wenn ich allein ohne meinen Mann bin, erlaubt mir zu tun, wozu ich Lust habe. Das macht mir sogar ein bisschen Probleme, wenn er wieder da ist. Denn ich würde diese Momente der Freiheit am liebsten noch länger genießen! Es kommt sogar vor, dass ich ihm seine Rückkehr vorwerfe ... Es gefällt mir gar nicht so schlecht, diese Verantwortung zu haben. Manchmal habe ich Angst, dass ich es nicht schaffe und Fehler mache, ich bin nämlich eine Perfektionistin, aber ich komme klar ... «

Tatsächlich hat Pascale bisher immer alles geschafft. Im Laufe unserer Unterhaltung spricht sie manchmal mit leicht

ironischem Unterton auch von der »Super-Pascale«. Was will ihr Körper ihr angesichts der »Angst, es nicht zu schaffen« sagen? Erinnern wir uns daran, dass es in der Gegenwart, der einzigen Zeit, in der wir leben, weder Befürchtungen noch Ängste oder Panik gibt. Der gelebte Augenblick zeichnet sich durch Selbstvertrauen aus. Das vom Körper ausgesandte Signal, das vom Menschen auch körperlich wahrgenommen wird, ist demzufolge die Entspannung. Pascale aber erzählt mir, dass sie sich ständig angespannt fühlt. Aufgrund dieser Anspannung hat sie einen Kloß im Magen und die Trapezmuskeln zwischen Schultern und Nacken sind völlig verspannt. Was will diese Anspannung Pascale sagen? Dass sie nicht in der Gegenwart lebt, dass es eine ganze Reihe von Emotionen gibt, die sie nicht erkennt, nicht verspürt und nicht auslebt, denn daran hindert sie sich selbst.

Pascale wird einige Zeit brauchen, bevor sie sich selbst das Recht zugesteht, sich diesen Emotionen zu öffnen, und sie wird noch länger brauchen, bis sie sich eingestehen kann, dass sie wütend auf ihren Mann ist: Dieser ist nicht an ihrer Seite, um mit ihr die alltäglichen Aufgaben zu teilen, er lässt sie mit der Erziehung der Kinder allein. Außerdem bringt der Beruf ihres Mannes häufige Arbeitsplatzwechsel mit sich, und sie steht dann allein da, um den Umzug zu organisieren. Nach und nach erkennt Pascale, dass der komplette Mangel an Unterstützung seitens ihres Mannes sowie seine körperliche und emotionale Abwesenheit für sie auch einen Mangel an Respekt gegenüber ihrer Person bedeuten. In einem ersten Schritt gelingt es ihr, diese Wut für sich allein auszudrücken, was ihr sehr guttut. Anschließend spricht sie sehr ruhig mit ihrem Mann darüber, was sie ebenfalls erleichtert. Ihr Mann zeigt sich daraufhin aufmerksamer und lässt sie mit bestimmten Herausforderungen des Lebens nicht mehr allein.

Im Laufe dieser Entwicklung, die mehrere Monate dauert, werden Pascales Blasenentzündungen schwächer und seltener und verschwinden schließlich ganz. Es ist interessant festzuhalten, dass diese Entzündungen die Ausscheidungsorgane betreffen, also Blase und Nieren. Diese Organe sind in der Traditionellen Chinesischen Medizin genau wie die Ohren Sitz der anzestralen Energie und der Ängste. Ängste können sich über den Körper ausdrücken – entweder durch Blasenentzündungen oder durch Mittelohrentzündungen. Indem also Pascale ins Hier und Jetzt zurückgekehrt ist, erlebte sie auch, wie die Angst zurückging, nicht zu wissen, wie sie mit ihrer Verantwortung zurechtkommen soll. Dadurch sind die Blasenentzündungen in ihrer Häufigkeit und Heftigkeit zurückgegangen. Indem sie sich gestattet hat, ihrer Wut Ausdruck zu verleihen, hat sie ihre Denke daran gehindert, die Oberhand zu behalten. Daraufhin zeigte ihr Körper keine Anspannung mehr und die Symptome verschwanden.

Da die Blasenentzündungen Pascale das Leben nicht mehr schwer machten, könnte die Geschichte hier aufhören, aber sie geht noch weiter. Pascale war jedes Mal, wenn er verreiste, wütend auf ihren Mann: Sie fand das »anormal«. Aber es reichte nicht, dass sie diese Emotion zum Ausdruck brachte. Außerdem gelang es ihr nicht, Super-Pascale zu entsagen und wieder einfach nur Pascale zu sein. Sie konnte sich nicht mehr so sehr auf die Abwesenheit ihres Mannes und die Überlastung durch die zusätzliche Verantwortung berufen, weil dieser große Anstrengungen unternahm, an ihrer Seite zu sein, und das auch mit Erfolg, wie selbst Pascale eingestand. Und der Gipfel der verqueren Logik: Sie nahm es ihrem Mann fast schon wieder übel, so präsent und so fürsorglich zu sein! Als Außenstehender fand ich zwar nicht, dass ihr Mann zu viel machte, aber natürlich enthielt ich mich jeder

Bemerkung ... Pascale wurde ihrem Mann gegenüber aggressiv, und dieser verstand nicht, wie ihm geschah. Sie wiederum versuchte, ihre Aggressionen zu rechtfertigen, stellte aber schnell fest, dass das alles weder Hand noch Fuß hatte. Glücklicherweise fuhr sie fort damit, ihre Wut zu verbalisieren, auch wenn sie – natürlich aufgrund ihrer Denke – diese Wut manchmal für schlecht und unpassend hielt!

Als sie eines Tages einmal mehr dieser Wut Ausdruck verlieh, tauchte plötzlich ein gewaltiger Zorn auf ihren Vater auf. Er wurde ausgelöst von einem Erlebnis in der Vergangenheit: Ihr Vater war von einer langen Auslandsreise zurückgekehrt, während der Pascale, die das älteste von drei Kindern war, sehr viel Verantwortung hatte auf sich nehmen müssen, weil die Mutter krank geworden war. Ihr Vater hatte ihr nur einen flüchtigen Kuss auf die Stirn gedrückt und war dann ins Schlafzimmer zu seiner Frau geeilt, um sich nach ihrem Zustand zu erkundigen. Dann hatte er die beiden Söhne mit sich genommen und den Abend damit zugebracht, sich mit ihnen auszutauschen. Die ganze Zeit über hatte Pascale, die damals etwa acht Jahre alt war, darauf gewartet, dass ihr Vater sich ihr zuwandte und sie in die Arme nahm.

Sie war völlig erschüttert von dieser Szene, die ihren eigenen Worten zufolge »aus dem Nichts aufgetaucht war«. Sie sprach mit mir darüber und erkannte, dass sie auch sehr wütend auf ihre beiden Brüder war, die aufgrund ihres wesentlich stärkeren Charakters schon immer im Zentrum der Aufmerksamkeit ihrer Eltern gestanden hatten. Das hatte übrigens auch ihrer Mutter Probleme bereitet. Und da die Mutter außerdem oft krank war, vor allem während der häufigen Abwesenheiten des Vaters, hatte Pascale ihren Brüdern gegenüber die Rolle der Mutter eingenommen. Dafür hatte sie aber nie und von niemandem ein Dankeschön gehört.

Vielmehr hatten ihre Brüder sie zurückgewiesen, ihr Vater sie übersehen und ihre Mutter sie im Stich gelassen. Angesichts dieses Gefühls des Verlassenseins hatte sie beschlossen, noch untadeliger und noch perfekter zu sein, um das zu bekommen, was sich jedes Kind wünscht: Liebe. Aber je stärker sie diese Haltung einnahm, desto ungeliebter fühlte sie sich. Je mehr sie sich in den Dienst der Anderen stellte, desto weniger existierte sie, desto weniger erhielt sie. Sich so zurückgewiesen und verlassen zu sehen hat sie davon überzeugt, dass sie es war, die etwas »falsch« machte.

Ihre Wut war sehr lebendig, genau wie ihre Trauer, aber was sollte sie tun? Brüllen und schreien? Nein, denn das hätte bedeutet, sich genau wie ihre Brüder zu benehmen und wie ihr Vater, der ein ausgemachter Choleriker war und leicht aufbrauste. Sich die Seele aus dem Leib weinen? Nein, denn ihre Mutter neigte dazu, das zu tun, wenn sie wieder an ihren Depressionen litt. Also war Pascale nichts anderes übrig geblieben, als sich eine sehr starke Denke zuzulegen, die es ihr erlaubte, diesen Mangel an Liebe zu ertragen. Es ist interessant festzuhalten, dass ihr Körper sich bereits zu diesem Zeitpunkt meldete: Als Kind litt sie häufig an Mittelohrentzündungen. Und wie ich bereits mit Hinweis auf die chinesische Medizin erwähnt habe, sind die Ohren genau wie die Blase und die Nieren ein Organ, wo die Angst sitzt. So hat Pascale von Kindesbeinen an in der Angst gelebt, nicht geliebt, sondern verlassen zu werden. Obwohl ihre Brüder sie zurückwiesen, ihr Vater sie übersah und die Mutter sie im Stich ließ, hat sie sich nie erlaubt, die tief sitzende Wut zu verspüren und auszudrücken, die sie gegenüber den Mitgliedern ihrer Familie empfand. Sehr früh hat sie gespürt, dass man sie nicht liebte, dass sie nicht liebenswert war. Also hat sie eine Strategie ersonnen, um gegen die Abwertung anzukämpfen, deren

Objekt sie war, und um ihren Wunsch nach Anerkennung erfüllt zu sehen: In der Hoffnung, geliebt zu werden, hat sie immer mehr und mehr getan. So ist sie, nachdem ihre Denke den Vorsitz übernommen hat, zu Super-Pascale geworden – hyperaktiv, perfektionistisch und verantwortungsbewusst.

Es ist nur logisch, dass Pascales Angst davor, nicht geliebt zu werden, nach ihrer Heirat noch ein bisschen stärker wurde: Wie sollte ihr Mann sie auch lieben, wo sie doch bisher kein Mensch hatte lieben können? Solange ihr Mann sich nur um seine Arbeit und sich selbst kümmerte, ohne ihr besonders viel Aufmerksamkeit zu schenken, was auch eine Art war, sie nicht ganz als Mensch anzuerkennen, fand Pascale sich in einer Rolle wieder, die sie nur zu gut kannte: Aus Angst, verlassen zu werden, wollte sie für die Anderen alles so gut wie möglich machen, um eben doch geliebt zu werden. Zum Vorteil ihrer Umgebung stellte sie ihre Bedürfnisse komplett zurück und versuchte, perfekt zu werden. Pascale tat das alles, obwohl sie insgeheim wusste, dass ihr Verhalten vorgetäuscht war. Als ihr Mann seine Haltung ihr gegenüber änderte, nachdem sie mit ihm gesprochen hatte, ist sie trotzdem in ihrer Verlassenheit stecken geblieben: Denn auch wenn sie sich theoretisch vorstellen konnte, dass ihr Mann sie liebt, konnte sie sich nicht eingestehen, dass er sie genug liebt, denn sie war in ihrem tiefsten Innern davon überzeugt: »Ich bin nicht liebenswert.« Und auch wenn er es ihr zeigte und sein Verhalten in der Realität geändert hatte, musste sie sich doch schützen, denn es würde sowieso alles damit enden, dass er sie verließ, und das wäre dann noch schmerzlicher als alle Erfahrungen des Verlassenwerdens, die sie bereits überlebt hatte ... Und was ist die beste Verteidigung? Der Angriff. Warum also nicht selbst gehen, bevor man verlassen wird? Eine weitere Möglichkeit besteht darin, alles zu tun,

damit der Andere geht. Diese Richtung hatte Pascale unbewusst eingeschlagen. Glücklicherweise aber hat sie ihre Wut, die von ihrer Denke jahrelang unterdrückt worden war, zur Sprache bringen können. Das hat ihr erlaubt, wirklich und wahrhaftig zu akzeptieren, dass sie das Recht darauf hat, geliebt zu werden, dass sie »liebenswert« ist. Das war ihr erst in dem Moment möglich, in dem sie sich gestattete, sich selbst zu lieben und sich das Recht zuzugestehen, im Augenblick zu leben und ihren Emotionen Ausdruck zu verleihen.

Diese ganze Arbeit – denn das ist es tatsächlich – war nicht an einem Tag zu leisten. Es hat etwa ein Jahr gedauert. Der Begriff Verlassenheit ist im Lauf unserer Treffen nur einmal gefallen. Alles hat sich mehr oder weniger von selbst ergeben: Ich habe Pascale bei ihrer schrittweisen Entdeckung dessen begleitet, was bei ihr nicht gut lief und was sie ändern wollte, um sich besser zu fühlen. Nie war die Rede von irgendwelchen Theorien. Am wichtigsten war in der Tat, dass Pascale sich zugesteht, die Wut zu empfinden, die in ihr brodelt, und nicht, dafür Erklärungen zu finden, die vielleicht in begrifflicher Hinsicht zutreffen, die aber oft nicht wirklich weiterhelfen.

Pedro: »Meine Mutter hat nie zu mir gesagt, dass sie mich liebt«

Pedro ist gebürtiger Spanier, 42 Jahre alt und lebt in Genf, seit er zwölf ist. Er ist verheiratet, hat zwei Kinder und arbeitet im

Finanzsektor. Er leidet an Sodbrennen. Das Sodbrennen tritt seit drei Jahren gehäuft auf, und er macht sich darüber große Sorgen, denn seine Mutter ist vor Kurzem an Bauchspeicheldrüsenkrebs gestorben. Er hat mehrmals alle nötigen Untersuchungen durchführen lassen, um eine schwere Krankheit (wie ein Magengeschwür oder einen Tumor) auszuschließen. Doch bis auf eine chronische Gastritis, die mit säureneutralisierenden Medikamenten behandelt wird, wurde nichts entdeckt. Pedro gibt zu, ein Hypochonder zu sein, aber er beharrt darauf, dass sein Sodbrennen echt ist und ihm das Leben vergällt. Er sieht die Verbindung zu seinem beruflichen Stress, aber es gelingt ihm nicht, aus dem Teufelskreis auszubrechen, in dem er gefangen ist: Im Beruf trägt er viel Verantwortung, und daher kommt auch der Stress, der früher oder später gezwungenermaßen wieder zu Sodbrennen führt. Er ernährt sich gesund, trinkt sehr wenig Alkohol, raucht nicht und hat aufgehört, Kaffee zu trinken. Pedro macht außerdem autogenes Training. Das verschafft ihm während der Übungsstunden Linderung, doch der Effekt ist von kurzer Dauer. Und Pedro hat keine Lust mehr, die säureneutralisierenden Medikamente zu nehmen. Das Problem ist nur, dass sein Sodbrennen wiederkommt, sobald er sie absetzt.

Da dieses Sodbrennen vor drei Jahren begonnen hat, frage ich Pedro, was damals geschehen ist: Was genau hat er damals erlebt? Er erzählt mir, dass seine Mutter zu diesem Zeitpunkt erfahren hat, dass sie an Bauchspeicheldrüsenkrebs leidet, woran sie vier Monate vor seinem ersten Besuch bei mir auch gestorben ist. Pedro fängt an, mir zu schildern, wie schwer und schmerzhaft diese Zeit mit seiner Mutter sowohl für ihn wie auch für sie gewesen sei.

Was empfindet er angesichts des Erlebten und des Todes seiner Mutter? Seine Antwort: »Trauer, und wenn mir

danach ist, weine ich auch, das dürfen Sie mir glauben.« Ich höre aus seiner Stimme noch eine andere Emotion heraus, als er mir erklärt, wie sehr seine Mutter wegen der Krankheit und der Behandlungsmethoden leiden musste. Also frage ich ihn, was für eine andere Emotion das seiner Meinung nach sein könnte: »Natürlich war ich empört, denn die eigene Mutter leiden zu sehen, ohne dass man etwas tun kann, ist schon hart, finden Sie nicht, Herr Doktor?« Aber was verbirgt sich hinter dem Wort »hart«? Nach einigen Minuten gibt Pedro zu, dass er wütend ist, wütend auf die Schulmedizin und die Krankheit seiner Mutter, auf seine eigene Hilflosigkeit und schließlich wütend darauf, dass er vor ihrem Tod mit ihr nicht mehr über bestimmte Dinge sprechen konnte, die ihm am Herzen lagen. Deshalb ist er sehr traurig, was das Gefühl der Ungerechtigkeit noch verstärkt. Ich frage ihn, ob es ihm etwas ausmacht, mir zu sagen, worüber er mit seiner Mutter gerne noch gesprochen hätte. Pedro zögert, aber dann erzählt er mir, dass er gerne mit ihr darüber gesprochen hätte, was sie zusammen durchlebt haben und was eben nicht. Vor allem hätte er sich gewünscht, dass sie sagt, was er nie aus ihrem Mund gehört hat: »Ich liebe dich.« Tränen rinnen über Pedros Wangen. Anschließend erklärt er mir, dass er seine Mutter bis zu ihrem letzten Atemzug begleitet und ihr gesagt hat, dass er sie liebe, dass aber von ihrer Seite nichts gekommen ist. Es folgt ein Dialog: »Was empfinden Sie?«

»Ich bin tieftraurig und auch sehr frustriert.«
»Welche Emotion verbirgt sich hinter dem Wort ›frustriert‹?«
»Eine enorme Wut.«
»Was versucht Ihr Körper Ihnen Ihrer Meinung nach durch das Sodbrennen zu sagen, an dem er leidet?«

»Dass ich gestresst bin.«
»Ja, aber das Wort Stress bezeichnet eine Art der Anspannung. Warum diese Anspannung?«
»Weil ich wütend bin und das nicht rauslasse.«

Tatsächlich kommt diese Anspannung nicht von der Wut, die Pedro empfindet, sondern daher, dass er diese völlig natürliche Emotion nicht »rauslässt«, denn sie wird von seiner Denke blockiert. Das geschieht im Namen der Erziehung und anderer Prinzipien, die Pedro veranlassen zu sagen: »Man hat kein Recht, wütend auf seine Mutter zu sein, auf die Person, die dich empfangen und zur Welt gebracht hat und der man größten Respekt schuldet. Noch weniger hat man dieses Recht, wenn die entsprechende Person verstorben ist.«

Wir haben bereits gesehen, dass die Denke quasi die Macht an sich reißt, wenn sie die Oberhand über unsere Emotionen gewinnt. Sie vertreibt uns sofort aus dem Augenblick, um uns in die Zukunft mit ihren Ängsten zu katapultieren oder in die Vergangenheit mit ihrem Tross aus Reue und Schuldgefühlen. Auch Pedro entgeht dieser Regel nicht. Das ist die Erklärung für seine Furcht, krank zu werden und an allen möglichen Dingen zu leiden (Hypochondrie), aber auch für seine Schuldgefühle bei der Vorstellung, »nicht alles getan zu haben, was ich vielleicht hätte tun müssen, damit meine Mutter mich wirklich liebt«.

In einem ersten Schritt hat Pedro sich gestattet, die Wut herauszulassen, die er verspürte, und das hat ihm sehr gutgetan. Sein Sodbrennen ließ nach, verschwand aber nicht ganz. Hinzu kamen Luftröhrenentzündungen und bronchiale Infekte. Derartige Infekte hatte er zuletzt als Kind gehabt. Seit seinem zwölften Lebensjahr hatte er regelmäßig darunter gelitten, doch als er fünfzehn war, verschwanden diese In-

fekte wieder. Was war damals in Pedros Leben geschehen? »Mit zwölf habe ich Spanien verlassen, um zu meinen Eltern nach Genf zu ziehen und definitiv bei ihnen zu bleiben.« Pedro gehört nämlich zu den Kindern jener Gastarbeiter, die in die Schweiz emigrierten, um ihren Lebensunterhalt zu verdienen, und die anfangs ohne ihre Kinder kamen. Letztere wurden in der Regel bei Angehörigen untergebracht, bevor sie zu einem späteren Zeitpunkt von den Eltern nachgeholt wurden. So hatte Pedro im Alter von zwei Jahren seine Eltern fortgehen sehen und war in der Obhut der Großmutter mütterlicherseits verblieben. Er sah in dieser Zeit seine Eltern immer nur einen Monat im Jahr, nämlich in den Ferien. Dann hatte sich Pedro im Alter von zwölf Jahren an einer französischsprachigen Schule in Genf wiedergefunden, obwohl er kein Wort Französisch sprach. Und er hatte seine Großmutter verlassen müssen. Er erinnert sich noch sehr gut an die Trennung von seiner Großmutter: »Ich schrie und brüllte mir die Seele aus dem Leib. Ich streckte die Arme nach meiner Großmutter aus, die ebenfalls weinte. Ich wäre so gern bei ihr geblieben, statt mit meinen Eltern zu gehen. Das habe ich meinen Eltern nie verziehen.« Und wie durch Zufall haben in dieser Zeit Pedros Bronchialinfekte begonnen!

Was versuchte Pedros Körper, ihm zu sagen? Der Hals dient zum Schlucken und Ausspucken oder Erbrechen und die Bronchien zum Ein- und Ausatmen. Es ist nicht schwer, das zu verstehen: »Du hast etwas herauszulassen, aber du gestattest es dir nicht. Entweder ist es Wut oder Trauer oder vielleicht auch beides.« Nachdem er das verstanden hatte, gestand Pedro sich das Recht zu, diese Trauer und diese Wut auch zu empfinden. Kurze Zeit später sagte er mir in der Sprechstunde zum ersten Mal, dass er auf seine Mutter wütend sei, weil sie ihn zweimal verlassen habe: bei ihrem

Aufbruch aus Spanien, als er zwei Jahre alt war, und das zweite Mal bei ihrem Tod. Von diesem Zeitpunkt an verstand er die Ängste besser, die ihn seit dem Fortgang seiner Eltern beherrschten und die seither nicht aufgehört hatten, ihn zu verfolgen: die Angst, nicht geliebt zu werden, die Angst, den wie auch immer gearteten Erwartungen anderer nicht gerecht zu werden, die Angst, den Seinen zur Last zu fallen, die Angst davor zu versagen ... Indem er sich das Recht zugestand, seine Empfindungen anzuerkennen und auszudrücken, fühlte Pedro sich viel besser und seine Magenprobleme verschwanden. Die Probleme mit den Bronchien dagegen tauchten tendenziell häufiger auf.

Pedro hat sich aber nicht entmutigen lassen. Er hat auch weiterhin die Wut in sich zugelassen, die er nicht nur gegenüber seiner Mutter, sondern auch gegenüber seinem Vater empfand. Letzterer, der noch lebte, war schließlich bereit, mit seinem Sohn zu reden und ihm die Gründe für ihren Fortgang aus Spanien zu erklären. Er konnte ihm auch sagen, wie groß seine Trauer und die seiner Frau während all der Jahre war, in denen sie von ihm getrennt waren. Pedro verstand ihn, war aber nicht weniger wütend. Im Übrigen hatte er allmählich genug davon, über diese Wut zu sprechen, und sagte mir, dass ihm das nicht viel Positives gebracht habe.

Bis zu dem Tag, an dem er von einer immensen Wut erfasst wurde, die sich diesmal gegen seine Großmutter mütterlicherseits richtete. Sofort hat er diese Wut erstickt und sich eingeredet, dass er doch nicht auf den einzigen Menschen wütend sein könne, der sich »mit bedingungsloser Liebe« um ihn gekümmert habe. Bei unserem nächsten Treffen erzählt Pedro mir, was passiert ist, und versucht, mich davon zu überzeugen, dass er nicht auf seine Großmutter wütend sein darf. Ich bitte ihn, mir die Szene zu beschreiben, die ihm

nach seinen eigenen Worten ganz gegen seinen Willen wieder eingefallen ist: Es war der Moment, in dem er zusammen mit seinen Eltern in die Schweiz abreiste. Was hatte er empfunden? Wer ließ ihn im Stich und überließ ihn den Eltern? Wer verwehrte ihm plötzlich seine Liebe? Wer ließ ihn einfach gehen, wohl wissend, dass er keine Gelegenheit haben würde, zurückzukommen? Zu seinem eigenen Erstaunen und sehr widerstrebend hat sich Pedro dem Offensichtlichen gestellt – er war sehr wütend auf seine Großmutter, viel wütender noch als auf seine Eltern. Natürlich konnte Pedro seine Reaktion nicht hinnehmen: Wie sollte er auf seine Großmutter wütend sein, die ihn über Jahre wie einen eigenen Sohn umsorgt und geliebt hatte? Seine eigene Großmutter, von der er wusste, dass sie die Trennung genauso ertragen musste wie er und die deshalb genauso traurig war?

Verweilen wir kurz an diesem Punkt, denn es ist von größter Wichtigkeit, zwischen dem klassischen psychologischen Ansatz, der sich der intellektuellen Analyse bedient, und der Annäherung zu unterscheiden, die es den verschütteten Emotionen erlaubt, an die Oberfläche zu kommen. Mithilfe der Logik und der Analyse bringt unsere Denke uns zu folgendem Schluss: Pedro hat keinen vernünftigen Grund und demzufolge auch kein Recht, wütend auf seine Großmutter zu sein. Unser Verständnis und unsere Überlegungen bringen uns fast zu dem Schluss, dass Pedro an Verfolgungswahn leidet oder dass er sogar eine Borderline-Störung hat. Über seine Denke kam Pedro übrigens zu einem vergleichbaren Ergebnis: »Ich bin schlecht, so schlecht, dass ich sogar wütend auf den einzigen Menschen bin, der mich wirklich geliebt hat!« Alle Details sind vorhanden, um den Beobachter oder den Therapeuten zu einer Reihe von Werturteilen und zu Vergleichen mit erzieherischen und gesellschaftlichen

Normen zu verleiten. Selbst wenn man davon ausgeht, dass ein Beobachter zur »Objektivität« fähig ist oder ein echter Therapeut »neutral« bleiben kann, so würden sie doch früher oder später Überlegungen anstellen, die Pedro in seiner Selbstabwertung bestärken, statt ihm zu helfen, dieser zu entkommen. Außerdem überlässt dieser Ansatz – und das ist in meinen Augen entscheidend – der Denke das Feld, während der einzigen Sache, die real ist, nämlich der Emotion, keine Chance eingeräumt wird.

Fühlt sich der Betroffene durch eine intellektuelle Analyse seiner Situation besser? Nein. Bestenfalls hat er verstanden, warum er sich verlassen fühlt, aber er weiß immer noch nicht, was er mit dieser Erkenntnis anfangen soll. Schlimmstenfalls – und das ist häufig der Fall – fühlt er sich schuldig, weil er das Gefühl hat, seine Empfindungen seien »anormal« oder »unlogisch«. Von diesem Punkt an stehen alle Türen weit offen, damit körperliche Symptome und Unwohlsein parallel zu einer angeblichen psychologischen »Behandlung« bestehen bleiben, bei der es darum geht, »die Denke zu beherrschen« oder »die Emotionen zu kontrollieren«, und die von einem Psychologen, Psychotherapeuten oder einem Psychiater durchgeführt wird, der oftmals eine ganze Reihe an Medikamenten einsetzt.

Der alternative Ansatz ermutigt den Betroffenen hingegen, die Emotionen auszuleben, die in ihm auftauchen. Das heißt, er soll sie empfinden und ausdrücken. Um dahin zu gelangen, wird er aufgefordert, seine Denke zum Schweigen zu bringen, und nicht, sie zu beherrschen. Genau das gesteht auch Pedro sich zu: die Wut gegen seine Großmutter auszuleben. Er hat es nicht in ihrer Gegenwart gemacht, er hat es allein gemacht, in der Natur. Er hat sich erlaubt, alles auszusprechen, was er empfindet. Er hat es nicht in dem

Wunsch getan, irgendjemandem wehzutun, sondern nur um sich selbst Gutes zu tun. Danach war er sehr erleichtert und fühlte sich auch bald körperlich besser. Und er hat wieder größeres Selbstvertrauen gewonnen.

Anne: »Ich trinke mir Mut an ...«

Anne hat eine ganz ähnliche Geschichte wie Pedro. Nachdem ihre Tante väterlicherseits sie aufgenommen hatte, weil ihre Mutter sich weigerte, sich um ihre Tochter zu kümmern, hat die Tante sie bis zum Alter von zehn Jahren aufgezogen. Dann hat die Mutter sie zu sich geholt. Anne hat sich während ihrer ganzen Jugend gegen die Mutter aufgelehnt und sich stattdessen sehr ihrem Vater angenähert, der sich von seiner Frau getrennt hatte, als Anne noch klein war.

In ihren Beziehungen zu Männern hat Anne sich immer sehr wohlgefühlt. Genau genommen hat sie diese oft benutzt, um sie für ihre Zwecke einzuspannen. Sie hat ihnen gegenüber nie »geschwächelt«, denn das sei nicht ihre Art, sagt sie. Anne ist eine unabhängige Frau und sehr stolz darauf. Aber seit einem Jahr fühlt sie sich nicht wohl in ihrer Haut, was sich in übermäßigem Alkoholgenuss äußert und in regelmäßigen Unternehmungen mit ihrem Freund, in dessen Gegenwart sie sich wohlfühlt, der aber dazu neigt, »über die Stränge zu schlagen«.

Sehr schnell wird Anne klar, dass sie sich diesem Freund gegenüber verunsichert fühlt und dass sie sich deshalb Mut

antrinkt: den Mut, in der Beziehung auszuharren, statt zu fliehen, was bis zu diesem Tag immer der Fall war. Das zu verstehen hilft ihr aber nicht weiter, im Gegenteil, sie fühlt sich noch schlechter und trinkt noch mehr. Das Trinken macht Anne traurig; sie fühlt sich durch diese Abhängigkeit herabgesetzt und versteht vor allem nicht, warum sie Angst davor hat, diesen Freund zu verlassen oder von ihm verlassen zu werden. Tatsächlich hatte sie bisher immer die Initiative ergriffen und war als Erste gegangen. Warum gelingt es ihr nicht, diese Beziehung zu beenden, wo sie doch genau spürt, dass dieser Mann nicht für sie gemacht ist und dass diese Beziehung ihr mehr schadet als guttut?

Statt sich all diese sehr interessanten Fragen zu stellen, die ihr nicht weiterhelfen, schlage ich Anne vor, mir zu sagen, was sie empfindet. »Trauer«, antwortet sie und gestattet sich sogar zu weinen, was sie ein wenig erleichtert. Kurz darauf wird Anne bewusst, dass sie nicht wirklich traurig ist, sondern vielmehr wütend auf ihren Freund. Da sie nicht versteht warum, versucht sie rationale Gründe für diese Wut zu finden. Einige Zeit später erkennt sie, wie angespannt sie körperlich ist, und beschließt, mit dem Versuch aufzuhören, alles verstehen zu wollen. Stattdessen will sie ausleben, was sie sich wünscht. Das tut ihr sehr gut. Ihre Anspannung ist auch nicht mehr so groß, und sie muss weniger trinken, um sich zu entspannen. Außerdem hat sie jetzt viel weniger Angst davor, ihren Freund zu verlieren oder von ihm verlassen zu werden.

Indem sie sich weiter mit ihren Emotionen beschäftigt, wird Anne bald bewusst, dass sie gegenüber ihrem Vater, der sie kurz nach ihrer Geburt verlassen hat, eine große Wut verspürt. Er ist vor drei Jahren gestorben und hat ihr ein kleines Vermögen vermacht, mit dem sie gar nicht gerechnet hatte. Sie macht sich schwere Vorwürfe, weil sie auf einen

Verstorbenen wütend ist. Zugegeben, ihr Vater habe sie mit der Mutter alleingelassen, aber das könne man ihm nicht vorwerfen, denn ihre Mutter sei ja »unerträglich« gewesen, sagt sie. Außerdem hatte sie sich immer gut mit ihrem Vater verstanden, seit sie darum gebeten hatte, ihn wiederzusehen, was er auch akzeptierte. Und bei seinem Tod hat er ihr einen Teil seines Vermögens vermacht, was ja wohl beweist, dass er sie geliebt hat. So suggeriert Annes Denke ihr, dass es unangemessen wäre, wütend auf ihren Vater zu sein – es ist weder vernünftig noch statthaft. Das Dilemma äußert sich auch körperlich: Sie verspürt eine so starke Anspannung, dass sie sich wieder gezwungen sieht zu trinken, um sich zu beruhigen und das Leben in einem rosigeren Licht zu sehen. Aber jeder neue Morgen ist furchtbar: Sie ist noch angespannter als am Vortag. Hinzu kommt ihr schlechtes Gewissen, weil sie wieder getrunken hat. Was versucht Annes Körper ihr zu sagen? Er verlangt von ihr einfach nur, sich zu respektieren, das wahrzunehmen, was sie empfindet, und ihre Denke zum Schweigen zu bringen, die sie nur blockiert, zögern lässt und sie daran hindert, ihre Wut zum Ausdruck zu bringen. Anne wird es schaffen. Bald hört sie sogar auf zu trinken, und wir freuen uns über diese glückliche Wendung. Anne fühlt sich auch in der Beziehung mit ihrem Freund besser. Da Letzterer aber ihrer Meinung nach immer noch »zu viel trinkt«, beschließt sie, einen Schlussstrich zu ziehen und sich von ihm zu trennen. Sie macht das nicht aus Angst, sondern einfach weil sie spürt, dass sie sich nicht respektieren würde, wenn sie so weitermacht. Den besten Beweis liefert ihr ihr Körper, der überhaupt nicht mehr angespannt ist. Die Trennung beruhigt und erleichtert sie sogar. Und ich bin überzeugt, dass Anne von ihrer Verlassenheit geheilt ist. In Wirklichkeit ist sie das aber nicht ...

Ein Jahr später kommt Anne wieder zu mir in die Sprechstunde, denn sie hat auf der rechten Seite Ischiasbeschwerden. Die Schmerzen sind während einer Reise aufgetaucht, die sie ihrer Tante väterlicherseits geschenkt hatte. Sie wollte sich so bei ihr dafür bedanken, dass sie sich bis zu ihrem zehnten Lebensjahr um sie gekümmert hatte. Anne freute sich auf diese gemeinsame Reise, doch ihre Tante hat reagiert wie eine 85-Jährige, die gänzlich die Orientierung verloren hat: Sie war launisch und hat sich wie ein kleines Kind benommen, vermutlich mehr aus Angst als aus sonst einem Grund. Die Reise ging ganz gut vonstatten – bis auf die Tatsache, dass Anne durch die plötzlichen Ischiasbeschwerden völlig blockiert war.

Da sie weiß, dass ihr Körper ihr etwas Wichtiges sagen will, sie es aber nicht versteht, kommt sie in die Sprechstunde. Sogar die Behandlung durch ihren Osteopathen hat nichts gebracht. Im Laufe unseres Gesprächs erzählt Anne mir, dass sie es schon seit Langem nicht mehr erträgt, dass ihre Tante sie wie eine Glucke behütet, was aber während der Reise erneut der Fall war. Im Übrigen hat sie bemerkt, dass sie sehr heftig darauf reagierte, wenn ihre Tante anfing, sich wie ein kleines Mädchen aufzuführen. Während sie erzählt, wird ihr klar, dass diese Reaktion bis zu dem Zeitpunkt zurückreicht, an dem ihre Mutter sie wieder zu sich geholt hatte. Damals war sie zehn Jahre alt … In diesem Moment fängt Anne völlig überraschend an, bitterlich zu weinen, bevor sich ihrer eine starke Wut bemächtigt: Sie nimmt es ihrer Tante furchtbar übel, sie der Mutter überlassen zu haben, denn Anne hat diese Frau nie geliebt. Sie nimmt es ihr übel, dass sie ihre Mutter nicht daran gehindert hat, sie zu sich zu nehmen, obwohl sie aufgrund ihrer Intelligenz und ihrer Logik weiß, dass es für ihre Tante unmöglich war, sie zu behalten, sowohl aus recht-

lichen wie auch aus menschlichen Gründen. Es kostet Anne viel Zeit und viel Kraft, um sich zuzugestehen, ihre Denke zum Schweigen zu bringen und ihre Wut auszuleben. Sie macht das im Anschluss, allein. Das bringt ihr zuerst einmal eine große Entspannung, und anschließend können auch die Ischiasbeschwerden abklingen. Diese Ischiasprobleme sollten für Anne ein Hinweis darauf sein, dass etwas sie seit dem Beginn der Reise am Vorankommen hinderte, und dass diese Blockade im Zusammenhang mit der Wut stand, die sie ihrer Tante gegenüber empfand, die auszuleben sie sich aber untersagte.

Nach und nach ist es Anne gelungen, die Überbleibsel dieser heftigen Wut auszuleben. Dadurch hat sie sich allmählich von ihrer Verlassenheit befreit gefühlt. Einige Zeit später hat sie einen Mann kennengelernt, mit dem sie eine liebevolle Beziehung aufbauen konnte, die auf gegenseitigem Vertrauen gründete. Sie fürchtet nicht mehr, verlassen zu werden, und wünscht sich auch nicht mehr, ihren Partner bei der ersten Schwierigkeit zu verlassen.

Louis: »Die Frauen lassen mich immer nur leiden!«

Louis ist 45 Jahre alt, geschieden und hat drei Kinder. Er sucht mich auf Bitten seiner Partnerin auf, die der Meinung ist, er brauche Hilfe. Er selbst entschließt sich ebenfalls dazu, denn er »ist es leid, immer wieder die gleichen Fehler zu machen und die gleichen Verhaltensweisen zu wiederho-

len«. Seit seiner Jugend ist er krankhaft eifersüchtig. Sobald er mit einer Frau zusammen ist, stellt er sich ständig vor, dass diese ihn betrügt oder dass sie es über kurz oder lang tun wird, wenn es nicht schon der Fall ist. Gleichzeitig erträgt er es kaum, dass eine Frau sich zu sehr an ihn bindet, denn »er hasst es, von egal wem vereinnahmt zu werden«. Aus diesem Grund fühlt er sich eher zu Frauen hingezogen, die sich unnahbar geben. Er setzt dann sein ganzes, sorgfältig einstudiertes Können daran, diese Frau zu erobern, um sich nur zu bald in der oben dargelegten Situation wiederzufinden. Er ist sich dieser Tatsachen bewusst, seit Freunde seine Aufmerksamkeit darauf gelenkt haben. Er hat Zeit gebraucht, um es zu akzeptieren. Aber jetzt versteht er nicht, warum er sich so verhalten hat, und fragt sich, was er ändern könnte, um nicht mehr zu leiden. Er gibt zu, dass seine Lebensweise sowohl ihn als auch die Frauen leiden lässt, die sein Leben teilen.

Louis stammt aus einem privilegierten Umfeld. Weder in seiner Kindheit noch in seiner Jugend gab es einschneidende Ereignisse. Als junger Anwalt hat er eine Frau geheiratet, die er »abgöttisch liebte«, er hat drei Kinder mit ihr bekommen und sich dann mit vierzig scheiden lassen. Er versteht sich nach wie vor gut mit seiner Exfrau, auch wenn sie sich »nicht mehr viel zu sagen« haben, wie er meint. Was die Beziehungen zu seinen drei Kindern betrifft, so sind diese so gut, wie es die Beziehungen zu pubertierenden Kindern überhaupt sein können. Seit sechs Monaten hat Louis nun eine Beziehung mit einer Frau, die zweiunddreißig ist und die er ebenfalls »abgöttisch liebt«, der er aber mit seiner Eifersucht das Leben schwer macht. Er beschreibt die Beziehung als »aufreibend«, denn sie wird ständig durch seine Befürchtungen und die Reaktionen der Partnerin, die sein

Verhalten nicht akzeptiert, infrage gestellt. Gleichzeitig erleben die beiden »Momente voller Intensität«, die ihm zufolge die anderen mehr als aufwiegen und den Wunsch rechtfertigen, die Beziehung fortzusetzen. Louis versichert mir, dass er nicht vorhat, die Beziehung zu beenden, dass er aber manchmal befürchtet, seine Freundin tue es. Sofort fügt er hinzu: »Falls es so weit kommt, dann muss ich die Realität eben akzeptieren. Bisher bin ich noch aus allen meinen Beziehungen rausgeflogen oder ich habe es so arrangiert, dass es dann letztlich dazu kam – abgesehen von der Beziehung mit meiner Frau.«

Nach dieser Prahlerei gibt Louis zu, dennoch jedes Mal unter den Trennungen gelitten zu haben, auch wenn einige davon gewollt und gewünscht waren. Er gibt auch zu, dass er diese Erlebnisse bei zwei Gelegenheiten sehr schlecht verkraftet hat: Diese Frauen waren in der Tat sehr viel wichtiger für ihn, als er dachte, aber er ist sich dessen erst nach den Trennungen bewusst geworden. Er habe alles versucht, um sie rückgängig zu machen. Doch ohne Erfolg, wie er mir gegenüber eingesteht: »Obwohl ich ihnen gegenüber total ehrlich war, was bei mir sehr selten ist und beweist, dass sie mir wirklich etwas bedeutet haben, wollten sie nichts mehr von mir wissen.« Die beiden Zurückweisungen lösten bei Louis eine heftige Reaktion aus: Er beschloss, sich an seinen zukünftigen Partnerinnen zu rächen. »Wie das?«, habe ich ihn gefragt.

> »Ich bin in eine Rolle geschlüpft, in der ich nicht zu viel einstecken musste, und ich stellte immer sicher, dass ich mich gut aus der Affäre ziehen konnte. Ich sagte mir, dass ich doch nicht in eine Beziehung investieren würde, die für mich sowieso schlecht ausgeht!«

»Waren Sie dadurch glücklich?«

»Nein. Es stimmt, dass mir das nicht viel gebracht hat.«

Louis erkennt, dass etwas an seiner Haltung gegenüber den Frauen nicht stimmt, aber er ist nicht in der Lage, das Problem zu benennen, geschweige denn etwas dagegen zu tun. Nach einigen Sitzungen kommt er zu dem Schluss, dass es ihm eben sehr schwerfällt, einer Frau zu vertrauen, denn er ist überzeugt, dass diese ihn früher oder später entweder enttäuscht, fallenlässt, betrügt oder das Interesse an ihm verliert. Oder er selbst ist es, der diese Gefühle hat und sich entsprechend verhält. Louis erkennt, dass er große Angst davor hat, sich auf jemand anderen zu »verlassen«, das heißt ihm zu vertrauen. Er sagt, er lebe in ständiger Angst davor, »weggeworfen« zu werden, worin wir die große Furcht davor erkennen können, dass er von anderen verbannt wird. Entsprechend ist seiner Meinung nach jede Beziehung zum Scheitern verurteilt.

Wie steht es mit seinen anderen Beziehungen – Freundschaften und Bekanntschaften? »Abgesehen von meinen Freundschaften mit Männern, geht es bei mir immer um Liebesbeziehungen. Folglich können sie auch nur auf mangelndem Respekt für den Anderen basieren.« Und dann erzählt Louis mir einige Erfahrungen aus seinem Leben, als er sich einem anderen Menschen öffnete, sich aber immer betrogen, enttäuscht und verraten fühlte ...

Nach langem Zögern akzeptiert Louis, das anzuerkennen und auszudrücken, was er angesichts solchen Verrats empfindet. Er verspürt wieder die Trauer und die Wut, die ihn angesichts dieser Erlebnisse gepackt hatten. Einige Zeit später erzählt Louis mir, dass er im Alter von 14 Jahren von seinen Eltern ins Internat geschickt worden war. Er fügt hin-

zu, dass er selbst einen Sohn in diesem Alter hat, den er aber nicht ins Internat schicken würde: Er hält ihn für zu jung, um ihn vom Elternhaus zu trennen, auch wenn er selbst gar nicht mehr bei seiner Frau lebt.

Ich frage ihn, ob die Erinnerung an den Fortgang ins Internat etwas bei ihm auslöst. »Nein, denn ich wollte ja selber dorthin. Ich wusste, dass ich im Internat besser lerne als bei meinen Eltern. Zu Hause habe ich immer eher nichts gemacht, aber weil ich Jura studieren wollte, musste ich ernsthaft lernen. Meine Eltern waren sehr traurig über meine Entscheidung, aber sie haben meinen Wunsch respektiert und sogar den Gürtel enger geschnallt, um mir ein Internat zu zahlen, das nicht gerade billig war.«

Louis erinnert sich aber auch daran, dass er jeden Sonntagabend weinte, wenn er nach einem schönen Wochenende mit seinen Brüdern und Schwestern, seinen Freunden und seinen Eltern wieder zurück ins Internat musste. Er fügt hinzu: »Anscheinend habe ich es meinen Eltern doch übelgenommen, denn wenn ich freitagabends nach Hause kam, habe ich nie ein Wort mit ihnen gesprochen. Und ich habe ihnen auch nie geantwortet, wenn sie mir Fragen zu meinem Leben gestellt haben.«

Nur wenige Zeit später gesteht Louis mir, dass eine große Trauer völlig überraschend von ihm Besitz ergriffen habe, als er noch einmal über diesen Weggang ins Internat nachdachte. Aber er versteht nicht, warum er insgeheim auch eine heftige Wut verspürt, die sich vor allem gegen seine Mutter richtet, »obwohl doch ich es war, der gehen wollte, und nicht sie, die mich fortgeschickt hat«. Ich rate Louis aufzuhören, sich Fragen zu stellen und sich stattdessen ganz seiner Wut hinzugeben. Und das macht Louis auch, wenn auch nicht ohne Probleme. In den folgenden Tagen geht es ihm viel bes-

ser, aber er spürt, dass er seiner Partnerin gegenüber immer noch in der Defensive ist. Inzwischen ist ihm völlig bewusst, dass er dazu neigt, sich wie ein typischer Verlassener zu verhalten. Das erklärt auch seine Eifersucht und seine häufige Bereitschaft, lieber »alles kaputtzumachen, als von ihr rausgeworfen zu werden«.

Nach und nach wird Louis klar, dass er die tief sitzende Wut, die er gegenüber seiner Mutter empfindet, ausleben muss. Letztere war tatsächlich nie dazu in der Lage, ihn in die Arme zu nehmen, ihn zu liebkosen und ihm körperlich zu zeigen, dass sie ihn lieb hatte. Ja, er weiß, dass sie ihn liebt, ihre Taten bezeugen es, aber die körperliche Nähe und Wärme hat er immer schrecklich vermisst. Bald wird Louis auch bewusst, dass er sich gar nicht wohlfühlt, wenn es darum geht, seine Kinder zu drücken, und dass es ihm schwerfällt, seiner Freundin gegenüber zärtlich zu sein. Das erinnert ihn wieder an seine Mutter und macht ihn noch wütender.

Eines Tages erzählt Louis mir im Rahmen eines OGE-Seminars[17], das er bei mir besucht, dass er nicht mehr wütend auf seine Mutter sei und dass ihn das sehr beruhige. Trotzdem fürchtet er nach wie vor, verlassen zu werden, sobald seine Partnerin allein in Urlaub fährt oder sobald er das tut. Seiner Meinung nach hängt das mit seinem Weggang ins Internat zusammen, aber er versteht nicht, warum. Obwohl er der Meinung war, all seine Wut auf seine Mutter zum Ausdruck gebracht zu haben, bestehen seine Ängste fort. Ich rate ihm, die Emotionen zuzulassen, und sage ihm, dass früher oder später etwas in seinem Bewusstsein auftauchen wird, das ihm eine Antwort auf diese Fragen gibt. Kurze Zeit danach erlebt Louis in der Erinnerung noch einmal eine Szene, in deren Verlauf seine Großmutter mütterlicherseits ihn im Arm hält und an sich drückt. Da er spürt, wie gut ihm die-

ser Moment der Zärtlichkeit getan hat, merkt er auch, wie sehr ihm solche Streicheleinheiten von dem Tag an fehlten, als er von seiner Großmutter getrennt wurde. Daraufhin verleiht Louis seiner großen und heftigen Wut angesichts dieses Mangels Ausdruck. Einige Zeit später bemächtigt sich seiner eine große Trauer. Er sagt, er fühle sich erleichtert. Noch eine Erinnerung fällt ihm ein: Seine Großmutter, an die er bisher gar keine bewusste Erinnerung hatte, ist gestorben, als er gerade zwei Jahre alt war, und zu diesem Zeitpunkt hat er auch noch einen kleinen Bruder bekommen ... Jetzt versteht er endlich die Wurzel des Unglücks, an dem er leidet: das Gefühl des Verlassenseins, ausgelöst durch den Tod seiner Großmutter.

Eine klassische Analyse wäre sicher zu dem Schluss gekommen, dass seine Mutter der Ursprung von Louis' Problemen ist. Aber die gelebten Emotionen haben es ihm schließlich erlaubt, zu der eigentlichen, echten Ursache seines Verlassenseins zurückzukehren. Seit er sich gestattet hat, die Wut und die Trauer anzuerkennen und auszuleben, die mit dem Dahinscheiden seiner Großmutter zusammenhängen, herrscht eine große Ruhe in ihm. Außerdem weichen die alten Verhaltensmuster, die er sich angewöhnt hatte, um nicht noch einmal verletzt zu werden, einer neuen Daseinsweise, die ihn überrascht, aber gleichzeitig tief beglückt. Er merkt, dass er nun, statt bloß auf etwas zu reagieren, im Hinblick darauf handelt, was er sich innerlich wünscht. Er strahlt eine ganz andere Gelassenheit aus als früher. Laut eigener Aussage fühlt er sich wie neu geboren.

Erläuterungen

Anhand der Geschichten von Pascale, Pedro, Anne und Louis und all der anderen Betroffenen, die ich im Laufe meiner Karriere kennengelernt habe, möchte ich einige Punkte anmerken.

Uns ist nicht bewusst, dass wir an Verlassenheit leiden

Wie man sieht, kommt keiner der Patienten mit einer klar formulierten Bitte in die Praxis, die lauten könnte: »Helfen Sie mir, denn ich leide darunter, verlassen worden zu sein.« Man kann außerdem mit Sicherheit davon ausgehen, dass keiner von ihnen zugegeben hätte, davon betroffen zu sein, zumindest nicht am Anfang. Im Gegenteil: Sie alle hätten darauf beharrt, von den Menschen geliebt zu werden, die sich um sie kümmerten.

Genauso fest steht, dass keiner von ihnen bereit gewesen wäre, eine Verbindung zwischen ihrem Leiden und dem Verlassensein herzustellen. Also lautet die erste Anmerkung: Die meisten Personen, die an Verlassenheit leiden, wissen gar nicht, dass sie daran leiden. Sie sind sich dessen nicht bewusst oder wollen es am Anfang auch nicht wissen. Dafür gibt es mehrere Erklärungen:

🌂 Die meisten Menschen sind es nicht gewohnt, eine Verbindung herzustellen zwischen ihrem Leiden und den

Emotionen, die sie nicht ausgelebt haben. Aber jeder ist dank seiner Intuition in der Lage, diese Verbindung zu verstehen und zu akzeptieren. Diese wurde jedoch lange von einem Teil der Menschen, die sich selbst als »Wissenschaftler« bezeichnen, verworfen, und sie wird es immer noch. Als Konsequenz daraus wird der Ansatz, der es erlaubt, diese Verbindung herzustellen, von den meisten unter uns noch verkannt. Die Blockade der Emotionen durch unsere Denke hat Konsequenzen, die mehr und mehr ins Blickfeld rücken. Aber von denen, die im Gesundheitswesen arbeiten, übersehen noch viel zu viele diesen Zusammenhang oder reden ihn klein.

Die Gesellschaft erkennt nicht, dass echtes Leid entsteht, wenn man verlassen wird. Noch wenig wurde zu diesem Thema geschrieben, und selbst der Begriff des Verlassenwerdens bleibt schwammig. In der Tat scheint man das Thema verschämt zu verschleiern. Und auch wissenschaftliche Untersuchungen sind rar, denn die Pharmaindustrie, welche diese meistens in Auftrag gibt, würde keinen großen Profit aus solchen Forschungen ziehen. Jemand, der an Verlassenheit leidet, kann sich also nur schwer eingestehen, dass die Ursachen seines Leidens auf der Tatsache beruhen, dass er während der fötalen Phase oder der Kindheit zurückgewiesen und abgelehnt wurde. Dabei gibt es seit einigen Jahren immer mehr Informationen über das Leiden der Kinder, die im Zweiten Weltkrieg von Familien aufgenommen wurden, genauso wie über das Leiden von Kindern, die in Frankreich von anonymen Müttern auf die Welt gebracht werden. Aber diese Erkenntnisse erreichen bisher kaum die breite Öffentlichkeit.

Ein Verlassener erinnert sich nicht gern daran, was er durchlebt hat, denn das ist zu schmerzhaft. Sich im Stich gelassen oder zurückgewiesen zu fühlen ist auch für einen Erwachsenen nie angenehm. Kein Erwachsener möchte eine solche Erfahrung machen, und das, obwohl man meinen könnte, er besäße die Mittel zu seiner Verteidigung. Ganz abgesehen davon, dass ein Erwachsener in der Lage ist, zu gehen und seinerseits den Anderen zu verlassen, wenn er es will. Er ist nämlich unabhängig. Ein Kind ist es nicht. Ein Kind ist total abhängig von seiner Umgebung und kann nicht allein überleben. Also kann es die Dinge nur ertragen. Die einzig mögliche Reaktion besteht darin, mittels seiner Denke eine Sperre zu errichten. Die Denke ist für das Kind also in einem wesentlichen Punkt nützlich: Sie erlaubt es dem Kind, die zu schmerzlichen Geschehnisse zu »vergessen«, sodass es sich als Erwachsener nicht mehr an das Geschehene erinnert. Das ist ein Schutzmechanismus, über den wir alle verfügen und der es uns erlaubt, Angriffe zu überleben, die unser Leben in Gefahr bringen. Eigentlich handelt es sich auch nicht um echtes Vergessen, sondern um vorübergehendes Ausradieren. Unsere Denke dient also als Schutzschild, als Schutzwall, der das traumatische Erlebnis in der Versenkung verschwinden lässt, indem es verharmlost wird, und es so quasi verbannt. Auch unser Wille spielt eine Rolle: Oft wollen wir uns einfach nicht an unerfreuliche Szenen erinnern.

Viele Menschen glauben, dass es nutzlos ist, »in der Vergangenheit zu wühlen«. Sie möchten lieber »positiv denken« und nach vorne schauen. Das ist eine weitere Form des Vergessens, wie wir zuvor gesehen haben.

Es gibt auch Menschen, die sich nie wirklich Fragen gestellt haben und die so sehr daran gewöhnt sind, mit dem Leiden zu leben, dass sie es fast vollständig in ihren Alltag integriert haben. Das Leiden ist für sie zur Norm geworden. Diese Menschen leben, ohne sich bewusst zu sein, dass die Ursache für ihr Leiden in der Vergangenheit liegt und dass die Vergangenheit ihr Leben vergällt.

Diese Liste mit Gründen, aus denen ein an Verlassenheit Leidender sich nicht erinnern möchte, ist nicht erschöpfend. Viele Varianten sind denkbar – je nach Charakter und persönlichen Erlebnissen des Einzelnen. Wichtig ist, im Kopf zu behalten, dass die meisten Betroffenen sich der Tatsache nicht bewusst sind, dass sie verlassen wurden. Also können sie sich auch nicht der Tatsache bewusst sein, dass sie an Verlassenheit leiden.

Wir leugnen die Tatsache, dass wir verlassen wurden

Wenn dann die Erinnerungen zurückkommen, beharrt der Verlassene darauf zu sagen, dass andere Menschen ihn geliebt und sich wirklich um ihn gekümmert haben. So behauptet er zum Beispiel: »Meine Tante war gar nicht die, die sich um mich kümmern musste, aber egal: Sie liebt mich« oder: »Meine Mutter hat sich nicht um mich gekümmert, weil sie mir Böses wollte, sondern weil sie es nicht konnte. Das war nicht ihre Schuld.« Mit diesen Wortklaubereien hoffen die Betroffenen, sich aus der Affäre ziehen zu können.

Der Widerstand ist häufig sehr groß. Er entspricht der Not des Verlassenen: Es ist extrem schwer, vor sich selbst und anderen zuzugeben, dass man verlassen wurde. Wieso ist das so? Weil man, nachdem man den Schleier der Vergangenheit gelüftet hat, dem Schmerz, der damit verbunden ist, auch ins Gesicht sehen muss: dem Schmerz darüber, nicht geliebt worden zu sein. Aber vergessen wir nicht, dass in der Denke des Verlassenen immer der gleiche Satz rumort, denn er ist tief eingraviert: »Man kann mich nicht lieben« oder »Ich bin nicht liebenswert«. Dem folgt bald die Schlussfolgerung: »Aus diesem Grund wurde ich verlassen und es wird mir immer wieder passieren.«

Zuzugeben, dass ein Verlassenwerden wirklich stattgefunden hat, ist so, als würde man ein Messer in einer nach wie vor klaffenden Wunde umdrehen. Da ist es doch besser, es zu leugnen und das Leiden so zu verringern. Hinzu kommt, dass die Person, die den Verlassenen nicht geliebt hat, eben die Person ist, die ihn hätte lieben müssen, weil man es bei ihr für »normal und selbstverständlich« hält, dass sie ihr Kind liebt. Das Kind denkt also zwangsläufig, dass etwas Schlimmes geschehen sein muss, um es so zu verlassen. Es selbst muss »sehr schlecht«, »sehr böse« oder »sehr gemein« gewesen sein, wenn der Andere es so brutal zurückweist. So gleitet der Verlassene aufgrund seiner Denke immer weiter in Schuldgefühle ab. Das Opfer des Verlassenwerdens reagiert wie alle Opfer von Gewalt, die ihre dadurch ausgelösten Gefühle nicht ausleben konnten: Es beschuldigt sich, für den Akt der Gewalt verantwortlich zu sein, dessen Opfer es geworden ist. Mittels dieser »Logik« kommt es zu dem Schluss, dass der Aggressor auf keinen Fall der Schuldige ist, denn man selbst, das Opfer, war es ja, das alles getan hat, um das Verlassenwerden zu provozieren.

Wir leben nach wiederkehrenden Mustern

Im nächsten Schritt muss der Verlassene anerkennen, dass er an der Tatsache, verlassen worden zu sein, leidet, und das jedes Mal aufs Neue, wenn er sich einer Situation gegenübersieht, die einem neuerlichen Verlassenwerden ähnelt, und wenn er versucht, darauf zu reagieren.

Wenn Pedro mit Menschen zusammen ist, die das Gleiche wie er erlebt haben, hat er wieder Sodbrennen oder fühlt sich schlecht. Genauso geht es ihm jedes Mal, wenn er seine Kinder in den Urlaub fahren sieht, vor allem wenn sie in sein Heimatland reisen. So teilt sein Körper ihm mit, dass er dabei ist, etwas vor sich selbst zu verstecken. Er lädt ihn quasi dazu ein, sich die Frage zu stellen, was in ihm vorgeht, statt den Kopf in den Sand zu stecken, um es zu verdrängen. Sobald Pascale erfährt, dass ihr Mann auf Geschäftsreise geht, fühlt sie sich sofort angespannt und wird ihm gegenüber aggressiv. Genauso reagiert sie auch, wenn eine enge Freundin nach einem schönen Wochenende bei ihr wieder abfährt. Diese Anzeichen sind keine körperlichen Schmerzen wie Pedros Sodbrennen, aber sie erfüllen den gleichen Zweck. Diese Anzeichen können in der Tat jede erdenkliche Form annehmen: Herzstechen, Durchhänger, Angstzustände, Nostalgieanwandlungen, erhöhten Alkoholgenuss, Sodbrennen und so weiter. Es versteht sich, dass der Verlassene zwischen diesen Anzeichen und dem ursprünglichen Leid keine Verbindung herstellt. Er wird eher behaupten, dass er keine Abschiede mag, dass er es nicht schätzt, wenn schöne Dinge zu Ende gehen, dass es langweilig ist, sich wieder dem Alltag zuzuwenden ... Der Verlassene muss nach und nach lernen, die Hinweise auf seine Verlassenheit im täglichen Leben zu entschlüsseln.

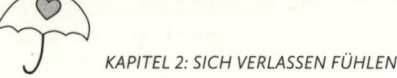

Wir können uns die Tat des Verlassenwerdens, deren Opfer wir wurden, bewusst machen

Im letzten Schritt wird sich der Verlassene wirklich bewusst, dass er an Verlassenheit leidet und dass sein ganzes Leben vergällt ist von diesem Leiden. Er ist häufig ganz verstört, wenn er erkennt, wie viel Raum die Symptome in seinem Leben einnehmen. Wieder wird er dazu neigen zu fliehen, vor allem um dem Leiden zu entgehen. Aber inzwischen weiß er, dass er einen Angriffsplan ausarbeiten muss, wenn er von seiner Erkrankung genesen will. Rein intuitiv ist ihm bewusst, dass der Weg schwer, lang und häufig mühsam sein wird. Er versteht auch, dass sich dadurch wichtige Veränderungen in seinem Leben ergeben könnten. Und natürlich wird er – seiner Denke sei Dank – von Befürchtungen und Ängsten heimgesucht werden, die ihn jederzeit daran hindern können, den Weg weiterzugehen. Aber meiner Erfahrung nach kann der Verlassene, wenn die Einsicht erst einmal wirklich da ist, nicht mehr zurück: Früher oder später gelingt es ihm, das Problem anzugehen und sich in Richtung der Genesung zu entwickeln.

Kapitel 3: Das Sozialverhalten verlassener Personen

Erinnern wir uns daran, dass der Verlassene den berüchtigten Satz »Ich bin nicht liebenswert« in sein Gehirn eingraviert hat, und dass diese Überzeugung sehr tief sitzt. Sie rührt daher, dass er sich nicht vorstellen kann, von Menschen, die ihn eigentlich lieben sollten, ohne ein echtes Motiv verlassen worden zu sein. Um eine solche Bestrafung zu verdienen, sagt er sich, muss er schon etwas sehr Schlimmes angestellt haben. Folglich hält sich der Verlassene für einen ziemlich schlechten, negativen und wertlosen, ja sogar gefährlichen Menschen – kurz, eine Person, die es nicht wert ist, geliebt und gekannt zu werden. Folglich sollte jeder den Verlassenen von vornherein zurückweisen. Oder er entdeckt früher oder später, dass der Verlassene einfach keine dauerhafte, solide Beziehung aufbauen kann. Selbstverständlich ist das alles dem Verlassenen nicht bewusst. Aber diese Überzeugung beeinflusst unterschwellig alle seine persönlichen und sozialen Bindungen.

Sein Sozialverhalten wird also zwischen dem Hypersozialen und dem Hyperaggressiven schwanken, je nachdem, ob er die Lust verspürt, um jeden Preis zu gefallen, oder ob er eine Zurückweisung provozieren will, weil er davon über-

zeugt ist, dass diese eines Tages sowieso kommt. Zwischen diesen beiden Extremen steht ihm eine ganze Reihe von Abstufungen zur Verfügung. Wir wollen einige davon anhand von Beispielen erläutern. Man sollte dabei aber nicht vergessen, dass der Verlassene mit großer Leichtigkeit von einem zum anderen wechseln kann.

Der Hypersoziale

John ist 45 Jahre alt, Direktor einer Bank, verheiratet und hat zwei Kinder. Er kommt in die Sprechstunde, nachdem er am Herzen operiert worden war. Der Eingriff war nötig geworden, da er Probleme mit den Herzkranzgefäßen hatte. Seine Verwandten haben ihm nahegelegt, wenigstens zu versuchen zu verstehen, was sein Körper ihm sagen will.

Im Berufsleben hat er viel Stress. Gleichzeitig hat er in seiner Partnerschaft Schwierigkeiten. Er verbringt seine Zeit mit Arbeiten, was seine Frau und seine Kinder ihm sehr zum Vorwurf machen, aber er liebt seine Arbeit. Er ist ein Mann, der mit nichts angefangen und dann die Karriereleiter in der Bank Stufe um Stufe schnell und souverän erklommen hat. Er wird von allen Mitarbeitern geschätzt, die in ihm einen großartigen Chef sehen, einen sehr humanen obendrein. Er hat selbst das Gefühl, zu all seinen Angestellten und den meisten Vorstandskollegen eine gute Beziehung zu haben. Aber mit einem der Vorstände hat er große Probleme, und der Umgang mit ihm ist hitzig und konfliktbeladen. Diese Situation besteht schon seit vielen Jahren, hat sich aber in den letzten Monaten zugespitzt. John gibt zu, diesem Kolle-

gen gegenüber sehr schroff zu sein. Denn der Kollege hat die ärgerliche Neigung, ihn zu übersehen, seit sie zusammenarbeiten. Dabei hat John alles getan, damit ihre Beziehung gut ist. Im vorigen Jahr hat er ihm sogar seine Eheprobleme anvertraut. Das hat er getan, um ihn heimlich auf seine Seite zu ziehen, aber das Ganze war ein Reinfall. Seither ist John sehr schlecht auf diesen Kollegen zu sprechen: »Wenn man bedenkt, dass er mich zurückweist, sehe ich nicht, wie ich noch mit ihm arbeiten kann. Entweder geht er oder ich!«

John erklärt mir, dass er es nicht erträgt, wenn jemand ihn ignoriert, und dass er unbedingt von allen geschätzt und geliebt werden möchte. Um das zu erreichen, erkundigt er sich systematisch nach den persönlichen Belangen seiner Mitarbeiter und versucht, alles so einzurichten, dass sie sich nicht ungeliebt und übersehen fühlen. Aus diesem Grund erträgt er auch nicht, wie sich sein Vorstandskollege ihm gegenüber verhält. Als ich ihn frage, was er dabei empfindet, antwortet er mir, dass es seiner Meinung nach ungerecht von diesem Kollegen sei, ihn so zu behandeln, wo er ihm doch sogar ein privates Problem anvertraut habe. Umso mehr, als er ihm so eine Hand reichen wollte, damit ihre Beziehung sich »normalisiert«. Ich komme daraufhin wieder auf meine Frage zurück und möchte erneut von John wissen, was er »fühlt« und nicht, was er »meint«. Er gesteht mir, dass er traurig und wütend ist, weil es ihm nicht gelungen ist, diesen Kollegen dazu zu bringen, ihn wie seine anderen Mitarbeiter zu sehen, also als einen Mann, den man für seine menschlichen und professionellen Qualitäten schätzt. Er gibt zwar zu, dass dieser Vorstandskollege ihn nie offen kritisiert oder ihm etwas vorgeworfen hat, aber er spürt genau, dass Letzterer ihn nicht schätzt. Was hat er vor? »Wenn ich ihn nicht dazu

bringen kann, mich zu schätzen, bin ich entschlossen, ihm zu zeigen, wie fies ich sein kann!«

Bei unseren folgenden Terminen kehrt John in seine Kindheit zurück: Sein Vater war aus beruflichen Gründen oft abwesend, und wenn er nach Haus kam, ertrug er es nicht, mit den Problemen seiner Frau und seiner Kinder konfrontiert zu werden. Deshalb hatte sich John, der seinem Vater gefallen wollte, eine unterwürfige Haltung zugelegt. Darunter mischte sich aber auch ein Gefühl der Abwertung, das sein Vater ihm sehr übelnahm.

Wir befinden uns hier im Zentrum der Probleme eines Verlassenen, der alles macht, um geliebt und geschätzt zu werden, und dafür bereit ist, einen wichtigen Teil seines Lebens zu opfern – in Johns Fall sein Privatleben. Wenn er aber nicht bekommt, was er sich verzweifelt wünscht, unternimmt er alles, um gehasst zu werden – er nimmt eine aggressive Haltung ein, die zwangsweise zur Zurückweisung führt. Noch nicht berücksichtigt ist dabei, dass John krank geworden ist und dadurch die »Strafe« verdoppelt, die er sich auferlegt hat.

Der Hyperaggressive

Giselle ist 20 Jahre alt. Seit sie vierzehn war, leidet sie an Bulimie, was sie auch in die Sprechstunde führt. Sie ist eine junge, ganz in Schwarz gekleidete Frau mit roten Haaren und sehr direkter, aggressiver Ausdrucksweise. Sie erklärt mir, dass sie aus einem privilegierten Umfeld stammt, dieses aber ablehnt und verabscheut. Sie ist sich jedoch bewusst, dass sie das, was

sie eigentlich wollte, nicht konsequent durchgesetzt hat: ihr Elternhaus endgültig zu verlassen. Warum tut sie es nicht? Nicht aus finanziellen Gründen, denn wie es der Zufall will, hat sie von einer Tante genug Geld geerbt, um unabhängig zu sein, sondern weil sie möchte, dass ihre ungeliebte Mutter endlich versteht, wie sehr Giselle unter ihrer Gleichgültigkeit gelitten hat.

Im Laufe unserer Gespräche erklärt Giselle mir, dass ihr Vater und ihre Mutter in perfekter Symbiose leben. Da sie ein Einzelkind ist, hat sie sich von beiden immer zurückgesetzt gefühlt. Sie erinnert sich an keinen Zeitpunkt, an dem einmal sie an erster Stelle gestanden hätte, sogar dann nicht, als sie mit fünf Jahren einen schweren Unfall hatte: Ihre Eltern seien lieber wie Jungverliebte übers Wochenende weggefahren und hätten sie der Tagesmutter anvertraut, statt an ihrer Seite zu bleiben, obwohl sie doch von einem Fahrrad umgefahren worden war und sich eine Gehirnerschütterung und zahlreiche Prellungen zugezogen hatte, berichtet sie.

Während unserer Termine erwähnt sie diesen Vorfall mehrere Male, bis zu dem Moment, in dem Giselle es hinnimmt, ihrer Wut auf die Eltern Ausdruck zu verleihen: »Ihr Verhalten an diesem Tag war total ungerecht«, sagt sie. Ihr zufolge hat sie von diesem Unfall an alles getan, um die Aufmerksamkeit ihrer Eltern auf sich zu ziehen. Sie hat sich systematisch gegen alles gestellt, was ihre Eltern guthießen. So kam es zu einer ganzen Reihe rebellischer Akte, die ihre Eltern und deren Freunde schockieren sollten: Sie hat sich mit Punks eingelassen, ihre Haare rot gefärbt und in der Schule total versagt. Ihr ist bewusst, dass ihre Haltung gegenüber dem Umfeld, dem sie anzugehören versucht, genauso aggressiv ist. Die Jugendlichen aus diesem Umfeld

erkennen sie nämlich mit Blick auf ihre Erziehung und das schöne Viertel, in dem sie wohnt, nicht als eine der Ihren an: Entweder versuchen sie, von ihrem Geld und ihrer Großzügigkeit zu profitieren, oder sie weisen sie zurück. In beiden Fällen leidet Giselle und erkennt, dass ihr hier das Gleiche wie von ihrer Mutter entgegengebracht wird, nämlich Gleichgültigkeit und Ablehnung. Und das löst bei Giselle eine noch aggressivere Haltung aus, die sich in der Bulimie zeigt.

Der Verlassene verspürt oft das überwältigende Verlangen, der Gruppe anzugehören, in der er sich bewegt und in die er sich zu integrieren versucht. Ein solches Verlangen gibt es auch bei Menschen, die nicht an diesem Trauma leiden, aber beim Verlassenen entspricht es der Intensität des Erlebten im Moment des Verlassenwerdens, was bedeutet, dass es übermäßig ist. Und auch der Wunsch nach Anerkennung durch andere ist beim Verlassenen sehr ausgeprägt: Der Verlassene braucht die Anderen, um sich vorstellen zu können, dass auch er würdig ist, einer Gruppe anzugehören und von dieser als einer der Ihren anerkannt zu werden. Da er sich selbst das Recht auf seine Existenz nicht zugestehen kann, bittet er die Anderen darum. Wenn die Anderen ihm dieses Daseinsrecht nicht bedingungslos einräumen, kann der Verlassene sehr aggressiv werden. Aggressives Auftreten ist in der Tat eines der Gesichter des Verlassenen. Doch diese Aggressivität ruft ihrerseits Aggressivität hervor, die der Verlassene dann als Beweis dafür sieht, dass er für den Anderen existiert. Aber die Aggressivität des Anderen ist auch ein Beweis für seine Ablehnung, was den Verlassenen in seiner tief sitzenden Überzeugung bestärkt, dass man ihn eben nur verlassen kann, denn er ist ja nicht liebenswert.

Der Teufelskreis, in dem der Verlassene sich einigelt, kann von solcher Heftigkeit sein, dass ihm ein Selbstmord als mögliche Lösung erscheint. Die Schläge, die man anderen versetzt, werden von diesen genauso entschieden zurückgegeben, und sie treffen einen Menschen, der bereits zutiefst verunsichert ist, was den Effekt noch verstärkt. So kommt es, dass ein Mensch, der seiner Umgebung immer als stark und solide erschienen ist, sich »zur großen Überraschung aller« für den Freitod entscheidet, um ein Leiden zu beenden, das ihm unerträglich geworden ist.

Rückzug in sich selbst

Gilles ist zwölf Jahre alt. Seit er fünf war, leidet er an Neurodermitis. Angesichts der Unfähigkeit der Schulmedizin, diese Neurodermitis zu behandeln, haben seine Eltern beschlossen, mich aufzusuchen. Gilles ist nach außen ein sehr ruhiges Kind, sehr »wohlerzogen«. Er lauscht für meinen Geschmack fast zu respektvoll, als die Eltern seinen Fall darlegen. Was war passiert, als Gilles fünf Jahre alt war? Seine kleine Schwester kam krank zur Welt, weshalb zahlreiche Krankenhausaufenthalte und die ganze Aufmerksamkeit der Familie nötig waren. Gilles Eltern erklären mir, dass ihr Sohn in diesem Moment zu dem verantwortungsvollen und braven Kind geworden ist, das ihnen bis auf die Neurodermitis keine Probleme macht. Jedoch habe sich die Neurodermitis inzwischen deutlich verschlimmert.

Gilles ist ein sehr guter Schüler, der von seinen Lehrern geschätzt wird, worauf er mächtig stolz ist. Er ist der Arche-

typ des Kindes, das alle Eltern sich wünschen: intelligent, brav, bedächtig und sehr reif für sein Alter. Allerdings fallen mir neben der deutlich ausgeprägten Neurodermitis noch zwei Dinge auf, als ich Gilles beobachte: Er knabbert an den Fingernägeln – »schon immer«, wie man mir sagt – und er lächelt kaum. Und noch etwas erfahre ich: Gilles hat in der Schule keine Freunde und lebt sehr zurückgezogen. Er liest viele Comics, vor allem Science-Fiction, und er verbringt viele Stunden vor seinem Computer, in denen er Rollenspiele spielt, wenn er darf.

Ich frage ihn, ob er häufig nervös oder angespannt ist. Zum Erstaunen seiner Eltern erwidert er, dass er sich oft darum sorgt, ob es seinen Eltern gutgeht und ob sie nicht zu müde und zu überlastet sind. Ganz eindeutig achtet er sehr genau darauf, was in ihnen vorgeht. Er fügt hinzu, dass er ihnen nicht noch zusätzlich Kummer bereiten will, indem er sich verletzend oder störend verhält. Gilles überträgt das, was er durchlebt, darauf, was seinen Eltern guttun könnte, denn diese haben nach wie vor große Sorgen mit der Schwester. Er spricht sehr wenig von ihr, höchstens um zu sagen, dass seine Eltern wegen ihr oft überreizt und müde sind. Er hingegen ist es, der ihnen dabei hilft, die Ruhe wiederzufinden. Keine andere Emotion scheint bei dem Kind durch.

Gilles ist ein gutes Beispiel dafür, was für eine Haltung sich ein Kind, das unbewusst an Verlassenheit leidet, gegenüber seiner Umwelt zulegen kann, um akzeptiert zu werden: keinerlei Probleme machen und so unbemerkt wie möglich bleiben, um nicht zu stören. Kinder wie Gilles wollen vor allem den Anderen keine zusätzliche Last sein, denn diese sind ja – in Gilles Fall – bereits sehr mit der Krankheit der kleinen Schwester beschäftigt. Im Gegensatz zu Giselle macht Gilles sich unsichtbar und schweigt, um geliebt zu werden.

Der Rückzug in sich selbst und das Verstummen sind in der Tat Haltungen, die ein Verlassener annehmen kann. Er setzt dann alles daran, um nicht zu stören, niemanden zu verletzen und keinem zu widersprechen. Er behält seine Gefühle für sich, seine Gedanken und seine Urteile. So wird er einerseits zu einem sehr introvertierten Menschen, der panische Angst davor hat, zu stören, zu verletzen oder zu widersprechen, und andererseits zu einem sehr schüchternen Menschen, der sich am meisten davor fürchtet, lächerlich zu erscheinen, aufzufallen und aus der Gruppe »hervorzustechen«.

Der Preis dafür ist hoch. Sein Körper wird das mit großen Spannungen quittieren, die alle möglichen Formen annehmen können: zum Beispiel starke Nervosität, Stottern, Neurodermitis oder Asthma. All das sind Zeichen, die der Körper aussendet, um die Aufmerksamkeit des Verlassenen auf die Tatsache zu lenken, dass er sich selbst nicht respektiert.

Angst vor der Einsamkeit

Georges ist 55 Jahre alt. Er ist seit zwei Jahren Witwer. Seine Frau ist nach langer Krankheit, während der er sie gepflegt hat, an Krebs gestorben. Er ist selbstständig und arbeitet im Bankensektor. Er sucht mich auf, weil er mein erstes Buch gelesen und Angst davor hat, nach allem, was seiner Frau passiert ist, krank zu werden. Ihm ist bewusst, dass er ihren Tod noch nicht verarbeitet hat. Jetzt, wo sie nicht mehr da ist, befürchtet er, dass seine Angst vor der Einsamkeit, die er schon vor ihrem Tod hatte, vollends die Oberhand gewinnt. Entsprechend macht er alles, um in Gesellschaft zu sein.

Beim Zuhören entdecke ich diese Angst: Er ist zum Beispiel nicht in der Lage, allein zu Hause am Computer zu arbeiten. Um das tun zu können, muss er seine derzeitige Freundin bitten zu kommen, und er versteht nicht, warum diese sich so oft weigert. Natürlich sagt er nicht zu ihr: »Leiste mir Gesellschaft, denn ich fühle mich verloren, wenn ich allein vor dem Rechner sitze«, sondern: »Komm zu mir, ich will dir nämlich etwas Interessantes im Internet zeigen«, obwohl er ihr in Wahrheit gar nichts Besonderes zu zeigen hat. Dieses Beispiel zeigt die Schwierigkeiten, mit denen Georges seit dem Tod seiner Frau zu kämpfen hat, mit der er zusammenlebte, seit er 20 war. Als ich ihn frage, was er fühlt, sagt er, er sei traurig, und seine Trauer sei bodenlos. Er gestattet sich auch, zu weinen und diese Emotion auszuleben, bevor er hinzufügt, er habe den Eindruck, durch diesen Todesfall »traumatisiert« zu sein. Er hat zwar ein neues Leben mit einer Frau begonnen, die er liebt, aber er lebt in der dauernden Angst, dass diese ihn verlässt, da sie – auch in finanzieller Hinsicht – eher unabhängig ist.

Er gibt zu, dass diese Empfindung nicht neu ist und dass er sie schon in der Vergangenheit hatte. Er wohnt zwar in Genf, muss aber beruflich oft nach New York und hatte es sogar so eingerichtet, dass er auch dort eine Freundin hatte, um sich weniger allein zu fühlen. Seine Frau hatte das verstanden und sich seinen Worten zufolge damit arrangiert. Sobald er wieder in der Schweiz war, war dann immer sie an seiner Seite. Erst seit er mit seiner derzeitigen Freundin zusammen ist, hat er das ungute Gefühl, »nicht genug geliebt zu werden«. Georges findet im Übrigen selbst, dass dieses Gefühl nicht gerade »gesund« ist. Er erzählt mir daraufhin, dass er es schon einmal als Kind sehr stark hatte. Damals lebte er mit seinen Eltern in Afrika. Er war sechs Jahre alt, als sei-

ne Eltern beschlossen, ihn in Großbritannien aufs Internat zu schicken. Danach war er nur noch ein- oder zweimal im Jahr bei ihnen. Er sagt, dass er ihnen diese Entscheidung sehr übelnimmt, gibt aber gleichzeitig zu, dass die so genossene Erziehung ihm im Hinblick auf seine Karriere und auf viele andere Dinge sehr nützlich gewesen ist. Georges spürt, dass es zweifelsohne eine Verbindung gibt zwischen dem, was er mit sechs Jahren erlebt hat, und seinen jetzigen Schwierigkeiten. Aber den direkten Zusammenhang stellt er nicht her. Ich eröffne das Gespräch: »Was empfinden Sie, wenn Sie an Ihre Abreise nach Großbritannien denken?«

> »Ich denke, dass meine Eltern das zu meinem Vorteil getan haben. Sie hatten die gleiche Erziehung genossen. Und ich habe sogar am gleichen College studiert wie mein Vater.«
>
> »Aber was empfinden Sie?«
>
> »Tiefe Trauer, weil ich nichts von meinen Eltern hatte, die kurz nach meinem Studienabschluss gestorben sind.«
>
> »So weit fort von ihren Eltern geschickt zu werden und sie dann so bald zu verlieren, bevor Sie Gelegenheit hatten, sie kennenzulernen, löst bei Ihnen nur Trauer aus? Keinen Frust, keine Wut?«
>
> »Nein, denn es war ja nicht ihr Fehler, dass alles so gekommen ist. Und wie sollte ich meinen Eltern vorwerfen, alles getan zu haben, um mir das Beste zu ermöglichen? Das wäre doch total ungerecht!«

Georges fügt gleich noch hinzu, dass er beim Tod seiner Frau das Gleiche empfunden hat: eine große, bodenlose Trauer, aber weder Wut noch Frust oder eine andere »negative

Emotion in der Art«. Aber was empfindet er, wenn seine jetzige Freundin sich weigert, ständig an seiner Seite zu sein? »Ja, stimmt, da bin ich manchmal schon sehr wütend. Aber ich unterdrücke die Wut, denn ihre Heftigkeit entspricht ja nicht dem Anlass.« Georges Verhalten wird mir von seiner Partnerin bestätigt, bis auf ein Detail: In Wahrheit verschließt Georges sich in sich selbst, aber weil er wegen dieses Verhaltens ein schlechtes Gewissen hat, ist er nach einiger Zeit wieder »zuckersüß«, um sich nicht ihren Zorn zuzuziehen.

Hinter all dem verbirgt sich eine weitere, recht häufig anzutreffende Haltung des Verlassenen: Er erträgt das Alleinsein nicht und macht entsprechend alles, um in Gesellschaft zu sein, auch wenn dieses Verhalten den eigenen Prinzipien widerspricht. Diese Reaktion auf die Einsamkeit ist sowohl für den Außenstehenden als auch für den Verlassenen beeindruckend, sobald Letzterer sich einmal bewusst ist, woran er leidet. Ein Betroffener kann in der Tat allein aufgrund seiner Angst vor der Einsamkeit entgegen den eigenen Neigungen handeln: zum Beispiel jeden Abend ausgehen und flirten, ohne etwas dabei zu empfinden. So mancher Verlassene geht sogar so weit, sich sektenähnlichen Bewegungen anzuschließen, statt ein Leben als Alleinstehender zu führen. Dabei dürfen wir nicht vergessen, dass der Verlassene gleichzeitig davon überzeugt ist, früher oder später sowieso verlassen zu werden. Mit diesem Wissen können wir uns leicht ausmalen, wie gewaltig seine Furcht ist, und das macht ihn so abhängig.

Selbstverleugnung

Sylvie ist 32 Jahre alt. Sie ist Single und arbeitet in der Werbung. Sie ist eine Powerfrau und verbringt einen Großteil ihrer Freizeit damit, Wochenenden für ihre Freunde und Freundinnen zu organisieren. Bei diesen Gelegenheiten tut sie ihr Möglichstes, um alle glücklich und zufrieden zu machen. Am Ende dieser Unternehmungen ist Sylvie jedes Mal traurig, denn sie erträgt Trennungen und Aufbrüche nicht. Häufig explodiert sie auch und wirft ihren Freunden vor, ihre Anstrengungen nicht zu würdigen, ihr nicht zu danken und vor allem nicht an sie zu denken, wenn sie selbst ein Essen oder einen Ausflug veranstalten. Sie möchte über alles auf dem Laufenden sein, was im Leben der Anderen vorgeht, und reagiert sehr heftig, wenn ihr etwas vorenthalten wird. Für dieses Verhalten entschuldigt sie sich dann immer ganz unterwürfig. Sie gibt selbst zu, dass sie gefallsüchtig ist und es nicht erträgt, wenn man sie auf Abstand hält. »Wenn man mir etwas nicht sagt, ist das ein Zeichen dafür, dass man mich verachtet, und das tut mir sehr weh. Dann fühle ich mich von den Anderen beschmutzt und verlassen.«

»Wie reagieren Sie, wenn das vorkommt?«
»Entweder ich breche den Kontakt zu dieser Person ab, weil ich davon ausgehe, dass sie das getan hat, um mir zu schaden, oder ich verlange eine Erklärung, und wenn die mir glaubwürdig erscheint, behalte ich den Kontakt bei.«

Sylvie erzählt mir, dass sie schon immer so gewesen ist: immer für die Anderen da, damit die sich in ihrer Gesellschaft

wohlfühlen. Soweit sie zurückdenken kann, war das so, vor allem gegenüber ihrem Vater, einem hohen Militär, der nur sehr selten bei seiner Familie war. Also hat sie alles getan, damit das Haus bei seiner Rückkehr tipptopp war, und sie hat es sich zur Ehre gereichen lassen, dass es weder zwischen ihrer Mutter und ihrem Vater noch zwischen ihrem Vater und ihren beiden Brüdern zu Problemen kam. Sie war das unglücklichste aller Mädchen, wenn ihr Vater zu Hause keine gute Zeit hatte, was leider häufig der Fall war. Sie erinnert sich auch an die Momente, wenn ihr Vater einmal mehr aufbrechen musste. Dann sei jedes Mal, so sagt sie, in ihr drin etwas zerrissen. Außerdem erkennt sie, dass sie seit dieser Zeit Abreisen und Abschiede nicht mehr erträgt.

In der Werbeagentur, in der sie arbeitet, verhält sich Sylvie genauso: Sie tut alles, was ihr möglich ist, damit die Anderen sich gut fühlen, angefangen bei ihrem Chef, für den sie große Bewunderung hegt. Sie macht Überstunden, die meistens nicht bezahlt werden. »Ich mache das, weil ich mir wünsche, dass es bei der Arbeit und in meinem Privatleben harmonisch zugeht«, erklärt sie. Trotzdem sieht Sylvie sich häufig Schikanen und ablehnenden Haltungen ausgesetzt, die sie verletzen. Dann passiert es, dass sie sich zurückzieht und niemanden mehr sehen will, egal wen. In diesen Augenblicken ist sie gezwungen zuzugeben, dass nur sehr wenige ihrer Freunde sich bei ihr melden und dass ihre Bekannten sie einfach ignorieren »Was empfinden Sie, wenn das der Fall ist?«

»Tiefe Trauer, aber weil ich jemand bin, der sich von Widrigkeiten nicht unterkriegen lässt, reiße ich mich zusammen und mache weiter.«
»Was machen Sie mit Ihrer Trauer?«

»Ich weine, was mir guttut, obwohl mich das nicht daran hindert, angespannt zu sein und auch das Problem überhaupt nicht löst!«

Das ist das Beispiel einer Frau, die zu allem bereit ist, um andere zufriedenzustellen. Das geht so weit, dass sie sich nicht mehr selbst respektiert, unfähig ist, Nein zu sagen, dafür aber Erniedrigungen und Schikanen aller Art erträgt. Diese Haltung, die darin besteht, sich ganz den Anderen zur Verfügung zu stellen, ist durch die panische Angst motiviert, nicht geschätzt und geliebt zu werden. Sie ist sehr weit verbreitet.

Was geht im Kopf eines solchen Menschen vor? Wenn er Nein sagt oder sich nicht so verhält, wie der Andere es verlangt, dann ist dieser Andere unzufrieden und wird es dem Erstgenannten wahrscheinlich übelnehmen. Über kurz oder lang kommt dann die »Bestrafung«, die der Verlassene am meisten fürchtet: verlassen und abgelehnt zu werden. Diese Vorstellung ist für den Verlassenen so unerträglich und schmerzhaft, dass er lieber gegen sein Innerstes agiert, sich nicht respektiert und sich so klein wie möglich macht: Eher halte ich an einer Freundschaft fest, auch auf die Gefahr hin, dass diese nicht sehr befriedigend ist, als allein zu bleiben, sagt er sich. Also legt er sich eine Reihe von Verhaltensweisen zu, die aus ihm »eine ehrliche Haut« machen, jemanden, der »umgänglich« ist und einfach »wunderbar«, weil er sich so ganz den Anderen widmet. Der Verlassene erträgt es nicht, dass man sich um ihn herum nicht verträgt und streitet. Er beklagt sich zwar von Zeit zu Zeit darüber, nicht respektiert zu werden, aber er hört auch schnell wieder damit auf. Lieber »entscheidet« er sich dafür zu leiden, statt andere leiden zu lassen, und hofft, dass sein Verhalten ihm

im Gegenzug die Anerkennung, den Respekt und die Liebe derjenigen einbringt, die ihn umgeben. Natürlich erntet er für diese Haltung meist nur Herablassung, mangelnden Respekt und Gleichgültigkeit, was es immer schwieriger macht, den Teufelskreis zu durchbrechen, in dem sich der Verlassene befindet.

Gier nach Anerkennung

Joseph ist 34 Jahre alt und homosexuell. Seit er vierzehn war, leidet er an Angstzuständen, weshalb er mich auch aufsucht. Er behauptet, ganz und gar zu seiner Homosexualität zu stehen, seit er sich mithilfe eines Psychologen vor zehn Jahren damit auseinandergesetzt hat. Lange Zeit war er davon ausgegangen, dass seine Angstzustände mit seiner Furcht vor den Reaktionen anderer in Bezug auf seine Homosexualität zusammenhängen. Aber er behauptet, erkannt zu haben, dass das nicht der Fall ist, weil er sich nicht mehr davor fürchtet, seine Homosexualität offen anzusprechen. Aber er ist sich auch bewusst, dass er häufig von Arbeitskollegen oder von Leuten aus seinem Bekanntenkreis abgelehnt wird.

Im Laufe unserer Gespräche macht Joseph sich klar, dass es ihm lieber ist, geliebt oder gehasst statt ignoriert zu werden. Er erklärt mir, dass es für ihn das Schlimmste wäre, übersehen zu werden. Er gesteht, dass er einen sehr extravaganten Geschmack hat, was sein Auftreten und seinen Lebensstil betrifft. Er spricht mit hoher Stimme und ist sehr eloquent. Während er mir all das erzählt, beginnt er, einen

Zusammenhang zu sehen zwischen seinem Wunsch nach Aufmerksamkeit und seiner großen Angst, nicht anerkannt zu werden.

Wie weit reicht diese Angst zurück? Joseph ist sich seiner Homosexualität im Alter von 14 Jahren bewusst geworden. Rein intuitiv war ihm sofort klar, dass weder sein Vater noch sein Bruder diese akzeptieren würden. Mit ihnen hatte er schon lange eine schwierige Beziehung, während er sich mit seiner Mutter wunderbar verstand. Seine Homosexualität hätte diese Beziehungen nur noch schwieriger gemacht, als sie es ohnehin schon waren, und diese Aussicht quälte ihn. »Was haben Sie damals empfunden?«

»Ich war sehr traurig und in gewisser Weise auch wütend, weil ich nicht so akzeptiert wurde, wie ich war, und die Unterschiede beschränkten sich nicht auf meine Homosexualität.«

Das Gefühl, vom Vater und vom Bruder nicht akzeptiert zu werden, reicht zurück bis zu seiner Geburt. Joseph hatte natürlich versucht, mit ihnen zu reden, aber es war ihm nie gelungen, eine echte Beziehung zu ihnen aufzubauen. Andererseits wusste er genau, dass manche seiner Einstellungen sie störten und durcheinanderbrachten. So nahm er oft die gegenteilige Position zu dem ein, was sein Bruder mochte, und musste feststellen, dass er damit umgehend starke Reaktionen bei ihm hervorrief. Sein Bruder schwärmte zum Beispiel für Fußball und verbrachte einen Großteil seiner Freizeit beim Bolzen und vor dem Fernseher, um Spiele anzuschauen. Deshalb hatte Joseph angefangen, sich über diesen Sport zu mokieren, den er nicht besonders mochte, den er aber auch nicht hasste. Er führte sich

derart auf, dass seine Eltern einschreiten mussten. Dabei wünschte er sich vor allem, ihre Aufmerksamkeit auf sich zu ziehen.

Allmählich wird Joseph bewusst, dass er sich eine ganze Reihe von Verhaltensweisen zugelegt hat, eine provozierender als die andere, damit andere Menschen ihn »nicht übersehen können, auch wenn das letztlich zur Zurückweisung führt«. Ihm wird klar, dass dieses Verhalten in Wahrheit eine Reaktion »für oder gegen« die Anderen ist und keine unabhängige Aktion. Er macht sich auch bewusst, dass seine Angstzustände eng mit dieser Haltung zusammenhängen, die von seiner Furcht, nicht anerkannt oder sogar ignoriert zu werden, bestimmt sind. Diese tief sitzende Angst ist der wahre Antrieb hinter seinem Verhalten anderen gegenüber, einem Verhalten, das mehr Schein als Sein ist. Er erkennt den Teufelskreis, in dem er sich befindet, und fragt sich, wie er daraus ausbrechen kann.

Joseph zeigt ganz bestimmte Züge eines Verlassenen: Sein Sozialverhalten gleicht einer dauernden Provokation, weil er um jeden Preis anerkannt werden will, auch wenn er daraufhin zurückgewiesen wird, wovor er sich am meisten fürchtet und worunter er seit seiner Kindheit leidet. Dieser scheinbare Widerspruch macht die Probleme eines Verlassenen aus: Er versucht alles, um Lob und Liebe zu ernten, aber dann wieder ist er in der Lage, sein Gegenüber – bewusst oder unbewusst – so sehr zu provozieren, dass er erntet, was er am meisten fürchtet: Er wird zurückgewiesen oder im Stich gelassen. Dabei handelt es sich aber nur um einen scheinbaren Widerspruch. Wir dürfen auch jetzt nicht vergessen, dass der Verlassene davon überzeugt ist, nicht liebenswert zu sein. Er hat die fixe Idee, dass ihn sowieso jeder über kurz oder lang verlässt. Dann doch lieber ein Ende mit Schrecken

als ein Schrecken ohne Ende. Dadurch ist auch die Verletzung nicht so groß und schmerzhaft. Man kann sich leicht vorstellen, dass ein anderer Mensch, der sich den grundlosen Stimmungsschwankungen des Verlassenen ausgesetzt sieht, bald mit seinem Latein am Ende ist und die Geduld verliert. Dann reagiert er genauso, wie der Verlassene es erwartet, wenn auch unbewusst: Er weigert sich, in Kontakt zu bleiben. Die verlassene Person sieht darin sofort einen weiteren, ganz eindeutigen Fall des Verlassenwerdens. Und so geht der Teufelskreis endlos weiter!

Zusammenfassung

Anhand dieser Beispiele erkennen wir, wie sehr der Verlassene in der festen Überzeugung, er verdiene es, nicht geliebt und deshalb verlassen zu werden, sein eigenes Unglück zementiert. Wir haben bereits festgestellt, dass er von einer Haltung zur anderen wechseln kann, aber er kann diese auch miteinander kombinieren; der Verlassene beherrscht die ganze Klaviatur, denn er sucht nach einem besseren Lebensgefühl. Er wünscht sich sehnlichst, es möge ihm besser gehen, und gleichzeitig will er von anderen geliebt und geschätzt werden. Und so lautet das Dilemma, in dem er feststeckt: Wie soll es ihm gelingen, sich selbst zu respektieren und von anderen respektiert zu werden, wenn er doch in seinem tiefsten Innern davon überzeugt ist, dass sie ihn eines Tages wieder verlassen? So pendelt der Verlassene zwischen Liebe und Hass, zwischen Selbstverleugnung und übersteigerter Selbstwahrnehmung, zwischen freiwilligem Rückzug

in sich selbst und der Angst vor dem Alleinsein. Deshalb wird er auch andere mit seinen abrupten Kehrtwenden oder seiner irritierenden Erstarrung immer wieder überrumpeln und verunsichern. Das Leid und die destruktive Energie, denen sich der Verlassene ausliefert, werden zusammen mit seiner irrationalen Haltung oft von Außenstehenden kritisiert. So wird die Situation, in der der Verlassene sich befindet, immer auswegloser und der ohnehin große Schmerz noch größer. Seine Befürchtungen und Ängste können so stark werden, dass er das Selbstvertrauen verliert. Er kann sich in sich selbst zurückziehen oder ein Gefühl der Unbesiegbarkeit entwickeln. In beiden Fällen läuft der Verlassene Gefahr, Menschen anzuziehen, die ihn entweder ausnutzen oder ihn verletzen werden, um ihm zu zeigen, dass er alles andere als unbesiegbar ist.

Kapitel 4: Das Gefühlsleben verlassener Personen

Dem Verlassenen steht eine endlose Vielfalt an Ausdrucksformen für seine Gefühle zur Verfügung. Wir werden sehen, dass er mit großer Leichtigkeit von einer zur anderen wechseln kann. All diese Gefühlshaltungen sind jedoch Ausdruck der einfachen – manche sagen auch vereinfachenden – Erkenntnis, zu welcher der Verlassene gelangt ist: »Man kann mich nicht lieben, denn ich bin nicht liebenswert.« Er hat sich diese Überzeugung aufgrund seiner Erlebnisse während der fötalen Phase oder während der frühen Kindheit zugelegt, manchmal auch – aber das kommt selten vor – als Jugendlicher oder Erwachsener. Jedes weitere Erlebnis hat ihn in dieser Erkenntnis bestärkt. Es ist sicher, dass der Verlassene sich dieses Teufelskreises nicht bewusst ist, auch wenn er weiß, dass seine Gefühle sich wiederholen. Dennoch macht er es wie viele Kranke und Leidende – er macht den Anderen für sein Unglück verantwortlich.

Eroberung um jeden Preis

Pierre ist 45 Jahre alt. Er ist verheiratet und hat zwei Kinder. Seit seinem ersten sexuellen Erlebnis im Alter von 13 Jahren hat er ein Abenteuer ans andere gereiht, und obwohl er verheiratet ist, kann er nicht umhin, weiter Frauen zu erobern. Es ist ihm nur zu bewusst, dass ihm sein Verhalten »Komplikationen« in der Ehe einbringt, umso mehr, als es in der Vergangenheit bereits zweimal vorgekommen ist. Seine Frau hatte ihm damals ein Ultimatum gestellt, damit er sich ändert, aber Pierre weiß nicht, wie er das anstellen soll, obwohl er sie liebt und bei ihr bleiben möchte. Natürlich versucht er alles, um seinem »natürlichen Drang« nicht nachzugeben. Aber er ist sicher, es nicht zu schaffen. Außerdem flüchtet er sich in die Arbeit und weigert sich, mit Freunden auszugehen. Er hat Angst, sich in einer Situation wiederzufinden, in der er der Versuchung nicht widerstehen kann, alles zu tun, um eine Frau zu erobern.

Pierre sagt mir, dass er seine Frau zutiefst liebe, dass er sie auf keinen Fall verlassen wolle, dass er aber Angst habe, sie könne ihn verlassen – wegen seines Verhaltens und wegen der zwei Affären, die sie aufgedeckt hat. Pierres Befürchtung reicht bis zu ihrem ersten Treffen zurück, das vor 25 Jahren war. Er hatte sie auf einer Party bei gemeinsamen Bekannten kennengelernt, wo er in Begleitung seiner damaligen Freundin war. Die gegenseitige Anziehung war sehr stark gewesen, und bald waren sie ein Paar geworden. In der Zwischenzeit hatte er sich von seiner anderen Freundin getrennt, aber erst nach langem Zögern, wie er mir gesteht: »Ich hätte nicht gedacht, dass meine zukünftige Frau bei mir bleiben würde.«

»Warum hatten Sie diese Befürchtung?«

»Weil sie zu ernsthaft war, um sich mit mir einzulassen. Und als wir beschlossen haben zu heiraten, konnte ich es kaum glauben – obwohl ich es mir so gewünscht habe! Manchmal kann ich es immer noch nicht glauben ...«

Pierre gibt zu, dass er Eroberung an Eroberung reiht, um sich zu beruhigen. Dieses Gefühl hat bei ihm nichts mit sexuellen Bedürfnissen zu tun, sondern eher mit der Angst, von seiner Frau nicht mehr geliebt zu werden und sich allein wiederzufinden. Aus diesem Grund möchte er einen anderen Menschen in seinem Leben haben, auch wenn das jemand ist, den er nicht wirklich liebt. Das hilft ihm dabei, der Möglichkeit ins Auge zu sehen, von seiner Frau verlassen zu werden. Er ist sich nur zu bewusst, dass sie allen Grund hätte, ihn zu verlassen, wenn sie von seinen Affären erfährt. Aber er ist zu besessen von eben dieser Angst vor dem Verlassenwerden. Dabei ist Pierre, der ja kein Dummkopf ist, durchaus in der Lage zu erkennen, dass seine Frau nicht wirklich bereit ist zu gehen, da sie es auch bisher nicht getan hat, zweifelsohne weil sie ihm gegenüber tiefe Gefühle hegt. Trotzdem fürchtet Pierre sich davor. Er versucht, vernünftig zu sein, und sagt sich, dass seine Angst völlig grundlos ist, doch er muss feststellen, dass seine Befürchtungen trotz aller Logik und aller Vernunft anhalten.

Indem er in die Vergangenheit zurückkehrt, erkennt Pierre, dass seine Furcht vor dem Verlassenwerden damit zusammenhängt, dass er im Alter von drei Jahren nach der Scheidung der Eltern allein mit seiner Mutter zurückgeblieben ist und daraufhin seine ganze Jugend über befürchtete, auch von ihr zurückgelassen zu werden. Diese »Panik«, wie er es selbst bezeichnet, wurde noch stärker, als seine Mutter

einen anderen Mann kennenlernte, den sie dann auch heiratete und mit dem sie ein zweites Kind bekommen hat, seine Halbschwester. Pierre hat seinen Stiefvater nie gemocht, auch wenn er ihm eigentlich nichts vorzuwerfen hatte. Und er nimmt es seiner Mutter nach wie vor übel, dass sie eine Ehe mit diesem Mann eingegangen ist. Obwohl er eine Verbindung sieht zwischen dem, was er mit seiner Mutter erlebt hat, und seiner tief sitzenden, sinnlosen Angst davor, von seiner Frau verlassen zu werden, weiß Pierre nicht, wie er diese Vergangenheit abschütteln soll.

Pierres Fall zeigt exemplarisch, wie jemand von der Angst vor dem Verlassenwerden besessen sein kann. Er hat sich sogar ein »Sicherheitsnetz gegen das Verlassen« geschaffen, indem er zwei Beziehungen gleichzeitig aufrechterhält. Wenn er also von seiner Frau verlassen würde, müsste er natürlich unter der Trennung leiden, aber er könnte die schmerzlichen Folgen in gewisser Weise begrenzen, denn er würde nicht ganz allein zurückbleiben. Zugleich bringt die Tatsache, dass er zwei Beziehungen pflegt, seine Ehe ja erst in Gefahr, denn so erhöht sich das Risiko, dass seine Frau sich von ihm trennt, was wiederum Pierres Angst vergrößert.

In Wahrheit erschafft Pierre selbst und von sich aus die Situation, die er so sehr fürchtet: Seine Frau, die er ständig betrügt und hintergeht, wird ihn verlassen, was bei ihm einen emotionalen Schock auslösen dürfte. Er würde in ihrem Weggang den Beweis dafür sehen, dass er Recht damit hatte, misstrauisch zu sein, und eine Aufforderung, in Zukunft noch wachsamer zu sein, um sich davor zu schützen, erneut im Stich gelassen zu werden. Und schließlich würde Pierre, wenn er nichts dagegen tut, daraus schließen, dass er nicht für die Liebe gemacht ist, denn er wird verraten, sobald er sich wirklich auf jemanden einlässt. In der nächsten Bezie-

hung würden sein Misstrauen und auch seine Aggressivität noch größer sein, und er würde sich schnell eine zweite, wenn nicht sogar eine dritte Beziehung zulegen, um sich einen Hinterausgang freizuhalten.

Weil durch sein Verhalten weiterhin jede Beziehung zum Scheitern verurteilt ist, würde Pierre eine Affäre an die andere reihen. Und das Risiko, dass andere sein Spiel durchschauen, ist groß. Außerdem wirkt sich seine Angst davor, verraten und verlassen zu werden, negativ auf seine Partnerschaft aus: Er weigert sich, sich ganz und ohne Rückhalt auf die Beziehung einzulassen, denn er ist überzeugt, dass er eines Tages fallengelassen wird. Je weniger er also in diese Beziehung investiert, desto besser für ihn. Es versteht sich von selbst, dass ein Mensch, der einen Verlassenen zum Partner hat, frustriert ist, weil er nicht bekommt, was er sich wünscht, obwohl der Verlassene dazu in der Lage wäre. Und er wird gehen, wenn er lange genug Geduld bewiesen hat.

Der Weggang des Partners hinterlässt bei einem an Verlassenheit Leidenden Bitterkeit, Groll und Rachsucht. Natürlich nehmen diese Gefühle mit jeder erneuten Trennung zu, genau wie die Angst vor einer Partnerschaft. Dadurch gerät der Verlassene allmählich in eine verzwickte Lage: Entweder er scheitert erneut oder er verzweifelt total.

Die Verzweiflung gehört in der Tat zu den für einen Verlassenen typischen Reaktionen. Das kommt daher, weil er nicht sieht, wie er aus dem Teufelskreis ausbrechen könnte, in den ihn seine Beziehung zu anderen führt, egal ob Mann oder Frau. Da die Anderen für das verantwortlich sind, was mit ihm geschieht, wie kann er da etwas ändern? Er fühlt sich den Geschehnissen vollkommen ausgeliefert, findet das ungerecht und versteht auch nicht, warum das alles ausgerechnet ihm passiert, wo doch allen anderen anschei-

nend das Glück hold ist. Das führt bei manchen Verlassenen zu einem Zustand tiefer Verzweiflung, die keineswegs vorgetäuscht, sondern bodenlos ist. Erinnern wir uns an ein wichtiges Detail: Nur die Denke kann Bitterkeit, Groll und Rachsucht auslösen. Was ist das anderes als der Versuch, die Wut einzudämmen? Und welcher Teil in uns hindert uns daran, unsere Emotionen auszuleben, wenn nicht die Denke?

Emotionale Abhängigkeit

Louise ist 27 Jahre und alleinstehend. Sie träumt von einer erfüllten Beziehung zu einem Mann, doch die Realität sieht anders aus. Jedes Mal, wenn sie jemanden kennenlernt, merkt sie, dass sie nach einer guten Anfangszeit beginnt, seinen Erwartungen zu entsprechen und dabei nach und nach zu seinen Gunsten zurücktritt. Das ist ihr bewusst. Sie sieht klar und deutlich, dass sie nach und nach selbst inakzeptables Verhalten toleriert. Und sie stellt fest, dass sie dann auch Aufgaben erledigt, zu denen sie gar keine Lust hat. Das macht sie nur, um »die Beziehung im Gleichgewicht zu halten«. Andererseits hat sie oft das Gefühl, zu hart und zu einseitig zu sein. Als Reaktion auf diese »schlechten Angewohnheiten« nimmt sie deshalb Kompromisse hin, die ihr schwerfallen, die ihr aber erlauben, den Anderen nicht zu verlieren. Und obwohl sie so laut eigener Aussage alles hat, »um glücklich zu sein«, ist sie es nicht. Regelmäßig haben ihre Freunde sich von ihr getrennt, obwohl sie alles getan hatte, damit die Beziehung weiterbesteht.

Sie hat einen Psychologen zurate gezogen, der ihr gesagt hat, sie leide an emotionaler Abhängigkeit. Und er erklärte ihr auch, was das bedeutet: Sie kann sich in einer Partnerschaft nicht frei fühlen, weil sie jedes Mal sofort eine Abhängigkeit zu ihrem Partner herstellt. Diese Abhängigkeit kann verschiedene Formen annehmen: Louise wartet ständig darauf, dass ihr Partner ihr etwas vorschlägt, sie unternimmt nichts von sich aus und auch nichts allein, weil sie Angst hat, er könne nicht einverstanden sein oder etwas anderes machen wollen. Sie unterwirft sich all seinen Launen, damit sie ihn bloß nicht verletzt und er sie bloß nicht verlässt.

Die Angst davor, alleingelassen zu werden, prägt alle ihre Beziehungen. Sie ist der Grund für ihre Kompromissbereitschaft und Unterwürfigkeit. Louise weiß, dass es ihr an Selbstachtung mangelt, wenn sie so handelt. Und sie kann mit dieser Haltung auch nicht erwarten, von ihrem Freund respektiert zu werden. Aber sie kann nicht anders. Nach außen hin ist ihr Verhalten das Gegenteil von Pierres Verhalten. Doch das Ergebnis ist das gleiche: Am Ende des Weges wartet das Verlassenwerden mit seinem Gefolge aus Leid, Selbstabwertung, Scheitern, Groll und Verzweiflung.

Fehlendes Selbstwertgefühl

Ange ist 33 Jahre alt und alleinstehend. Sie hat sich wiederholt in sehr unterschiedliche Männer verliebt. Mit dem ersten war sie verlobt und wollte ihn heiraten. Ihr gemeinsames Leben war ruhig und geregelt, es verlief problemlos, aber Ange fehlte das »Gänsehautgefühl«. Sie trieb damals extrem

viel Sport und hatte Probleme mit ihrem Essverhalten. Als es nach einigen Monaten um den endgültigen Schritt ging, zögerte sie. Zur gleichen Zeit lernte sie einen anderen Mann kennen, in den sie sich verliebte, weshalb sie sich bald von ihrem Verlobten trennte. Sie selbst erlebte diese Trennung aber als sehr schmerzhaft, was sie damit erklärt, dass es schwierig sei, mit jemandem zu brechen, mit dem man »so viele schöne Erinnerungen teilt«. Damals hat sie alles versucht, um weiter mit ihrem Exverlobten befreundet zu sein, doch er war verletzt und wollte diesen Kontakt nicht mehr. Da sie sehr litt, tauchten bald Probleme mit ihrem neuen Freund auf, der nur schwer akzeptieren konnte, was sie ihm zumutete: Es kam zu heftigen Wortgefechten, in deren Verlauf sie ihm sogar vorwarf, für ihre Trennung und ihr Leid verantwortlich zu sein. Nach mehreren stürmischen Monaten lief die neue Beziehung besser, aber Ange blieb auf der Hut und ließ sich nicht vollständig darauf ein. Sie kritisierte ihren Freund häufig, warf ihm vor, nicht genug Zeit zu haben. Und sie ertrug weder seine Lebensweise noch teilte sie seine Ansichten. Kurz, sie zeigte sich kaltherzig und distanziert. Bis zu dem Tag, als sie entdeckte, dass ihr Freund sie betrog. Das löste einen Schock bei Ange aus: Sie konnte nicht akzeptieren, was passiert war. Auf die Bitte ihres Freundes beschloss sie jedoch, die Beziehung fortzuführen, die bis zu dem Moment andauerte, als er sie bat, sich mit ihm zu verloben und sein weiteres Leben zu teilen. In diesem Moment beschloss Ange, ihn zu verlassen. Sie hatte gerade einen anderen Mann getroffen, mit dem sich eine neue Beziehung anbahnte ...

Es bedurfte noch zwei weiterer Beziehungen, die ähnlich verliefen, bis Ange anfing, sich ernsthaft Fragen zu stellen: Warum landet sie immer wieder in der gleichen Situation,

wo doch die Männer alle so verschieden voneinander sind? Indem Ange sich mit sich selbst beschäftigte, ist sie zu den wiederholten Situationen in ihrer Kindheit zurückgekehrt, in denen sie verlassen wurde. So hat sie begonnen, sich selbst zu behandeln.

Anges Beispiel zeigt eine weitere Verhaltensweise, die sich ein Mensch zulegt, der an Verlassenheit leidet: Sie wünscht sich sehnlichst eine erfüllte Partnerschaft, aber sie lässt sich nie ganz darauf ein. Dafür haben die Verlassenen zahlreiche Entschuldigungen. Am häufigsten schieben sie vor, in früheren Beziehungen verletzt worden zu sein. Ange bleibt zurückhaltend, weil ein früherer Freund sie betrogen oder weil ein anderer sich nicht als der gezeigt hat, für den sie ihn hielt. Sie glaubt an das, was sie sagt, und erträgt nicht, dass man sie für voreingenommen hält. Nein, sie sei einfach nur »wachsam« und will so feststellen, dass der Andere nicht das tut, was er sollte: Er lässt sich nicht schnell genug oder zu schnell auf sie ein, er tut es nicht richtig oder verlangt zu viel. Unterm Strich ist Ange immer unzufrieden mit dem, was sie bekommt, und das wirft sie ihrem aktuellen Partner in der Regel in recht aggressivem Ton vor. Wenn dieser daraufhin Anstalten macht, sich von ihr zu trennen, reagiert sie entweder verzagt, weil sie Angst vor dem Verlassenwerden hat, und tut alles, damit er bleibt, oder mit Zurückweisung, was der Beziehung sofort ein Ende setzt. Diese Momente sind auf Gefühlsebene häufig sehr heftig, und Ange ist die Erste, die darunter leidet.

Wir treffen bei Ange auf die gleichen Beweggründe wie bei Pierre und Louise: die Angst, verlassen zu werden, die Ange kaschiert, indem sie die Flucht nach vorne antritt. Im Laufe meiner Gespräche mit ihr ist eine weitere Befürchtung aufgetaucht: die, nicht den Erwartungen des Partners zu ent-

sprechen. Diese Befürchtung hängt mit einem tief sitzenden Mangel an Selbstvertrauen zusammen, der sehr häufig bei den Verlassenen vorkommt. Man hat sie verlassen, weil sie emotional und intellektuell angeblich nicht genügend Wert haben. Wenn Vater oder Mutter sich erlauben, ihr Kind ihrer Zuneigung nicht für würdig zu erachten, dann muss dieses Kind schwere Mängel haben. Und auch wenn das Kind später als Erwachsener diese angeblichen Mängel noch nicht erkannt hat, ist es sicher, sie zu besitzen, und genauso sicher, dass jeder potenzielle Partner sie entdeckt. Und dann wird es verlassen! Der Verlassene hat nämlich oft den Eindruck, ein Betrüger zu sein, das heißt jemand, der so tut, als sei er ein guter Mensch, in Wahrheit aber das Gegenteil ist. Diese falsche Vorstellung beruht auf sehr konkreten Tatsachen, die nicht in Zweifel gezogen werden sollten: darauf, dass der Verlassene es selten oder häufig ertragen musste, verlassen zu werden. Wir sehen uns also wieder dem Teufelskreis gegenüber, in dem ein an Verlassenheit Leidender eingeschlossen ist.

Angst und Schuldgefühle wegen einer Trennung

Irène ist 45 Jahre alt. Sie befindet sich mitten in der Scheidung von ihrem Mann, mit dem sie 25 Jahre zusammen war. Sie hat zwei Kinder, die 20 und 22 Jahre alt sind und in anderen Städten studieren. Es war ein großer Schock für das Paar, als der jüngere Sohn vor sechs Monaten das Elternhaus

verlassen hat. Kurze Zeit später haben Irène und ihr Mann beschlossen, sich zu trennen. Irène versteht nicht, warum sie so sehr unter der Trennung leidet, die sie sich schon seit Langem wünscht. Sie erzählt mir, dass ihre Ehe bereits seit langen Jahren unbefriedigend war, dass sie diesen Zustand aber ihrer Kinder wegen ertragen habe. Sie hat keine finanziellen Probleme, denn sie verfügt über ein eigenes Vermögen, ist also nicht bedürftig. Außerdem gestaltet sich der Scheidungsprozess freundschaftlich, denn ihr Mann ist weder gewalttätig noch mangelt es ihm an Respekt. Kurz, alles steht zum Besten, damit die Scheidung glatt über die Bühne geht. Die Zukunft scheint rosig, ja sogar strahlend. Zugegeben, Irène ist traurig und verspürt auch eine gewisse Wut. Dennoch meint sie, sich allmählich an die Trennung zu gewöhnen und ihr vergangenes Leben abzuhaken. Sie hat sich sogar zugestanden, den Aufbruch ihrer Kinder zu beweinen. Aber trotz aller Anstrengungen gelingt es ihr nicht, einen Schlussstrich zu ziehen. Ständig muss sie an die Zeit denken, als sie noch umgeben war von ihrem Sohn und ihrer Tochter. Selbst wenn diese ihren Beschäftigungen nachgingen, wohnten sie doch zu Hause. Jetzt lebt sie allein, denn auch ihr Mann ist – mit ihrer Zustimmung – gerade ausgezogen. Natürlich hat sie weiter Kontakt zu ihren Freundinnen und lädt diese auch zu sich ein, aber sie kann nicht umhin, sich »schrecklich allein, verzweifelt und untröstlich« zu fühlen. Sie leidet an Schlafstörungen, hat große Schwierigkeiten, sich auf die Arbeit zu konzentrieren, und hat den Eindruck, in eine tiefe Depression zu verfallen. Das versteht sie umso weniger, als sie überhaupt nicht zu Depressionen neigt: Sie habe nie besonders über ihr Schicksal gejammert, sagt sie, »und auch wenn es schwere Zeiten in meinem Leben gab, habe ich es immer geschafft, diese zu überwinden und nach vorn zu

blicken«. Am Ende unseres ersten Gesprächs gesteht sie mir, dass die Sache, die sie am meisten stört, ihre panische Angst vor dem Alleinsein ist.

Diese Panik hatte sie zum ersten Mal, als sie drei Jahre alt war und ihre Mutter starb. Die Panik verschwand, nachdem der Vater eine Tagesmutter ins Haus geholt hatte. Als die Tagesmutter Jahre später ging, verspürte Irène erneut eine große Leere, aber zu dieser Zeit hat sie auch ihren späteren Mann getroffen. Beim Tod ihres Vaters vor zehn Jahren war es ihr gelungen, die erneute Panik zu überwinden, indem sie sich mehr um die Kinder und ihre Arbeit kümmerte. »Inzwischen liegen die Dinge anders, ich bin wie eine Waise, ohne Kind und ohne Mann. Kurz: Jetzt bin ich wirklich allein und mir selbst ausgeliefert.«

Als ich Irène zwei Wochen später zum zweiten Mal treffe, geht es ihr wirklich schlecht: Sie hat schlimme Schlafstörungen, ist völlig übermüdet und fängt beim geringsten Anlass an zu weinen. Sie macht sich Vorwürfe, weil es ihr nicht gelingt, gegen diese »bodenlose Traurigkeit« anzukämpfen, die mit jedem Weinen zuzunehmen scheint. Während unseres Gesprächs wird ihr bewusst, dass sie ausgesprochen wütend auf ihren Mann ist, der sie verlässt. Sie versteht die Logik dieser Emotion nicht: »Warum nehme ich es ihm übel, dass er mich verlässt, wo ich die Trennung doch seit Jahren will? Das ist doch total unlogisch! Das zeigt nur, wie schlecht es mir geht.« Irène wird Zeit brauchen, um ihre Wut zu akzeptieren und sie damit in Verbindung zu bringen, dass sie sich in der Vergangenheit nie gestattet hat, eine solche Wut bewusst zu empfinden: ihre Wut beim Tod ihrer Mutter, beim Weggang der Tagesmutter und schließlich beim Tod ihres Vaters. Das alles sind Emotionen, die sie sich nie zugestanden hat. Irène wird dann auch verstehen, dass sie nur deshalb Jahre

gebraucht hat, sich zu ihrer Trennung durchzuringen, weil die Angst davor, verlassen zu werden und allein zu sein, tief in ihr verwurzelt ist. Und sie wird erkennen, dass der von ihr genannte Grund – dass sie wegen der Kinder geblieben ist – eine vorgeschobene Ausrede war.

Irène ist ein gutes Beispiel dafür, was einem Verlassenen passieren kann: Im Alter von drei Jahren ist sie wegen des Todes ihrer Mutter voller Wut, kann diese aber nicht ausdrücken, denn ihre Denke verbietet es ihr. Sie reißt sich zusammen. Gleichzeitig übernimmt ihre »Krücke« – also die Denke – die Führung und treibt sie dazu, aus dem Hier und Jetzt zu fliehen (denn da ist ja die Wut!) und sich der Zukunft, die voller Furcht ist, und der Vergangenheit, die voller Gewissensbisse, Schuldgefühle und Reue ist, zuzuwenden. In Irènes Fall ist es die Angst, die ihr Weggenosse geworden ist. Aufgrund dieser Angst hat sie auch ihren Mann geheiratet, weil sie nach dem Weggang der Tagesmutter nicht allein bleiben wollte, obwohl sie nach eigenen Angaben nicht wirklich in ihn verliebt war. Ein Großteil ihres Lebens wurde also von der schlichten Tatsache beeinflusst, dass sie sich zurückgewiesen und verlassen fühlte. Ihre Denke, die sie in der Kindheit geschützt hat, hat sich in der Folge als verheerend erwiesen, denn sie hat Irène daran gehindert, sich ihrer Emotionen bewusst zu werden. Daher auch ihre Angst und ihre Schuldgefühle. Zahlreiche Verlassene fürchten sich und haben Zweifel, an zahlreichen anderen nagt heftige Reue: Sie bedauern, andere verlassen zu haben, bevor sie selbst verlassen wurden! Also fühlen sie sich für all das schuldig, was an der Beziehung schlecht war. Selbstverständlich kann der Verlassene mit Leichtigkeit von der Angst zu den Schuldgefühlen übergehen und von den Schuldgefühlen zur Angst, denn beide sind ja Ausgeburten seiner Denke.

Die gewollte Zurückweisung

Eine weitere, beim Verlassenen relativ häufig vorkommende Verhaltensweise besteht darin, dem Anderen keine Möglichkeit zu geben, ihn zu lieben. Das ist der Fall bei André, mit dem Isabelle seit einigen Monaten eine Beziehung hat. Sie schätzt diesen Mann sehr, den sie als einen sensiblen, respektvollen, intelligenten und offenen Menschen beschreibt. Ganz am Anfang ihrer Beziehung war sie überrascht von der Mischung aus Kälte und großer Wärme, die von ihrem Freund ausging, doch sie hat sich daran gewöhnt und fühlt sich in der Beziehung immer besser. Aber als sie ihrem Freund eines Tages gesteht, was sie empfindet, wird dieser plötzlich unerträglich, was sie überhaupt nicht versteht. Und was noch schlimmer ist: Als sie ihn darauf hinweist, muss sie sich im Gegenzug völlig deplatzierte, ja sogar aggressive Bemerkungen gefallen lassen. Sie hat den Eindruck, dass ihr Partner ein Spiel spielt, das nicht zu ihrem Bild von ihm passt. Sie sieht sich in der Tat jemandem gegenüber, der anscheinend sensibel und respektvoll war, jetzt aber unsensibel ist und sich wie ein echter Grobian aufführt. Nach und nach merkt Isabelle, dass ihr Freund hinter dieser Fassade sehr leidet, dass er davon aber nichts nach außen dringen lässt. Aus diesem Grund rät sie ihm, mich aufzusuchen, was er akzeptiert. So lerne ich ihn kennen.

André ist 27 Jahre alt, Physiotherapeut und alleinstehend. Er sagt mir, dass er sich in der Beziehung mit Isabelle »gefangen« fühle: Einerseits liebt er sie, andererseits erträgt er es nicht, dass sie ihn so schnell durchschaut hat und hinter seine Fassade blickt. Zu meinem Erstaunen erklärt er mir, dass es ihm große Probleme bereitet, seine Sensibilität und

andere seiner Qualitäten zu akzeptieren. Deshalb hasst er es auch, verrät er mir, dass andere sie bemerken, ihn darauf ansprechen und ihm dafür Komplimente machen. Gleichzeitig reagiere er, sagt er, »um Isabelle zu beweisen, dass sie sich in mir täuscht. Sicher kann ich sensibel und respektvoll sein, aber in Wahrheit bin ich tief drin das genaue Gegenteil. Der Beweis: Ich werde immer verlassen, weil ich gemein, unsensibel und egoistisch bin.« Nachdem er das heruntergespult hat, fällt André anscheinend ein Stein vom Herzen. Es kommt mir vor, als habe er endlich zugegeben, wie er »wirklich« ist. Als ich ihn darauf hinweise, versucht er erneut, mir zu beweisen, dass er wirklich der Letzte aller Menschen ist, den eine Frau – und vor allem Isabelle – lieben kann ...

André wird sehr lange brauchen, um zu akzeptieren, dass auch er ein »liebenswerter« Mensch ist. Er wird zur Geburt seiner kleinen Schwester zurückkehren müssen, die auf die Welt kam, als er zwei war. Damals hatte er sich »von den Eltern fortgeschickt« gefühlt, damit sie sich um die Schwester kümmern konnten, die krank war und sehr viel Zuwendung und Aufmerksamkeit brauchte. Er war damals so wütend, dass er sich sogar den Tod der Schwester wünschte: »Ich habe sie gehasst, denn sie hat den ganzen Raum beansprucht.« Aufgrund dieser Gedanken hatte er ein sehr schlechtes Gewissen. Seither sieht er sich als »jemand, der seine Umgebung täuscht, der freundlich aussieht, aber in Wahrheit ein Monster ist«.

André hat eine der typischen Reaktionen des Verlassenen gezeigt: Da er es sich nicht erlauben konnte, auf seine kleine Schwester wütend zu sein, hat er nichts herausgelassen. Gleichzeitig hat seine Denke die Oberhand gewonnen – sie ist für sein schlechtes Gewissen verantwortlich, weil er einem nahestehenden, geliebten Menschen Böses wollte, näm-

lich seiner kleinen Schwester. War es nicht böse und gefährlich, sich vorzustellen, seine kleine Schwester umzubringen?
Es war deshalb nicht normal, ihn zu lieben. Und so schloss
sich der Kreis! Wie es Andrés Fall zeigt, unternimmt der Verlassene alles, um zu beweisen, dass er böse ist, wenn der Andere nicht von selbst darauf kommt ...

Das Leid des Verlassenen besteht aus zwei Aspekten: dem
Gefühl, nicht dem zu entsprechen, was der Andere erwartet,
und der Gewissheit, dass ein Bruch unvermeidlich ist. Wenn
es dann zum Bruch kommt, ist ihm das ein erneuter Beweis
dafür, dass man ihn nicht lieben kann. Außerdem verstärkt
er seine unterschwellige Wut, eine Wut, die er weder fühlen
noch ausdrücken kann, denn sie wird von seiner Denke blockiert. Das verstärkt wiederum seine Schuldgefühle. Auch
ein anderer Ausweg ist denkbar: Der Verlassene wird von kal-
tem Zorn erfasst, der ihn dazu treibt, sich in seinen folgenden
Beziehungen zu »rächen«. Das kommt also von Beginn an einem Machtkampf gleich, in dem er sich zynisch, anspruchs-
voll und herrschsüchtig zeigt. Die Chancen stehen also gut,
dass er erneut scheitert und wieder leiden muss. Dieses Be-
ziehungsschema kann sich endlos wiederholen, bis dem Verlassenen klar wird, dass er durchaus etwas tun kann, um aus
dem Teufelskreis auszubrechen, unter dem er so leidet.

Zusammenfassung

All diese Beispiele zeigen uns deutlich, wie ein verlassener
Mensch es immer wieder unbewusst so einrichtet, dass sich
das Verlassenwerden wiederholt. Der Betroffene macht alles,

um verlassen zu werden, den Bruch mit dem Partner herbeizuführen oder diesen selbst zu verlassen.

Der Verlassene reagiert wie jeder angegriffene Mensch, dem nicht geholfen wird. Im Moment des Angriffs empfindet das Opfer eine heftige Wut gegen den Peiniger, das heißt gegen denjenigen, der die körperliche oder verbale Gewalt ausübt. Meistens kann das Opfer seine Wut in dem Moment nicht zum Ausdruck bringen, wofür es mindestens zwei Gründe gibt: Erstens ist es zu sehr damit beschäftigt, sein Leben oder seine Haut zu retten, und zweitens hat es gar keine Zeit. Nach dem Übergriff bleibt das Opfer also mit dieser Wut im Bauch zurück.

Was passiert, wenn eine solche Wut blockiert wird? Eine Spannung entsteht, die – wie wir bereits erwähnt haben – zu einer Erkrankung führen kann. In diesem Fall handelt es sich um eine Implosion. Oder die Wut wird so unerträglich, dass der Betroffene einen zornigen Anfall bekommt. Dann handelt es sich um eine Explosion. Ein solcher Anfall von Zorn ist von zerstörerischer Gewalt und hat nichts damit zu tun, seine Wut zu spüren und auszuleben. Der Betroffene erlebt einen solchen Zornanfall vielmehr als echten Kontrollverlust, der keine Erleichterung und kein Wohlgefühl mit sich bringt. Im Gegenteil: Der Betroffene hat ein schlechtes Gewissen und wird fortan alles tun, um zurückzuhalten, was er empfindet. Natürlich wird er die Kontrolle über sich selbst über kurz oder lang wieder verlieren, und der Teufelskreis der Gewalt geht weiter. Die Opfer des Verlassenwerdens können natürlich auch von der Implosion zur Explosion übergehen und so alles tun, um vom Anderen verlassen zu werden oder diesen zu verlassen. Aber der Verlassene wird die starke Wut und die Spannung, die aus der Unterdrückung dieser Wut durch die Denke entsteht, beibehalten, wofür auch immer er sich ent-

scheidet. Außerdem wird jedes weitere Mal, das er verlassen wird, die Situation verschärfen und die Intensität und Stärke seiner Wut vergrößern. Sein Leid, das immer mehr zunimmt, wird seinerseits die persönliche Haltung und das Sozialverhalten beeinflussen, die dadurch immer krankhafter und selbstzerstörerischer werden. Die Implosion wie die Explosion haben gute Chancen, sich zu verstärken ... Bei einer Implosion tauchen Krankheiten auf, die in der Regel vom akuten Zustand in einen chronischen Zustand übergehen, oder erst gutartig sind und dann bösartig. Mit anderen Worten: Die Krankheit wird heftiger oder breitet sich aus.

Die beiden Begleiter des Verlassenen, Angst und Schuldgefühle, sind dann immer präsenter, vor allem weil die Denke die ursprüngliche Wut nach wie vor blockiert. Der Verlassene wird so daran gehindert, sich auf seine Emotionen im Hier und Jetzt zu konzentrieren. Anhand der genannten Beispiele konnten wir feststellen, dass die Angst oft allgegenwärtig ist: Der Verlassene fürchtet, erneut verlassen zu werden. Um das zu vermeiden, begibt er sich auf gefährliche Pfade, deren Ende nicht abzusehen ist, was seine Angst noch vergrößert. Kurz: Jede erdenkliche Art von Angst und Furcht wird sein Wegbegleiter. Und wenn es nicht die Ängste sind, dann gewinnen wahrscheinlich seine Schuldgefühle die Oberhand. Der Verlassene hat in der Tat andauernd Schuldgefühle: Er wirft sich vor, kein Herz zu haben, gewalttätig zu sein, dem Anderen wehzutun, indem er ihn verlässt, des Vertrauens anderer nicht würdig zu sein, den Anderen zu betrügen oder sich nicht so auf eine Beziehung einzulassen, wie er es eigentlich müsste.

Nach und nach setzt sich beim Verlassenen eine Erkenntnis fest: Er ist nicht auf der Höhe der Anderen und des Geschehens, und er täuscht seiner Umgebung etwas vor.

Der Verlassene ist der Typ Mensch, der von der »toxischen Scham« befallen ist, die wie folgt von John Bradshaw definiert wird: »Im Fall der toxischen Scham aber ist etwas an *einem selbst* nicht in Ordnung, und man kann nichts daran ändern.«[18] Natürlich wird ein Verlassener auch Momente des Glücks und des Wohlseins erleben. Aber weil er überzeugt ist, kein Recht darauf zu haben, wird er sich eine Strategie zurechtlegen, um diese Momente so kurz und so selten wie möglich zu erleben. Seine Denke wird ihm dabei helfen, denn in der Hinsicht ist sie Expertin. So kommt es, dass der Verlassene mitten in einem Moment glücklicher Zweisamkeit mit dem geliebten Partner eine Bemerkung machen kann, welche die Stimmung zerstört oder sogar den Partner vor den Kopf stößt. Damit macht er nicht nur einen schönen Moment kaputt, sondern frustriert den Partner zutiefst – und sich selbst gleich mit! Diese Reaktion kann wie eine zweite Haut sein, in die der Betroffene gegen seinen Willen schlüpft. Da ein solcher Frust aber auch eine Art nicht ausgelebte Wut ist, finden wir uns in dem Teufelskreis wieder, der die ursprüngliche Wut nur noch vergrößert. Und natürlich besteht die Gefahr, dass der Partner des an Verlassenheit Leidenden nun selbst auch zunehmend wütender wird und die Situation damit weiter verschärft.

Der Verlassene kann in Beziehungsfragen auch zum Perfektionisten werden. So muss die Beziehung zum Beispiel perfekt sein oder perfekt werden, wenn sie es noch nicht ist. Das lässt ihn hemmungslos nach einer reinen und ungetrübten Beziehung suchen, was natürlich vollkommen illusorisch ist, denn die Perfektion existiert nicht! Diese Beziehung soll sowohl symbiotisch als auch offen genug sein, also eine Beziehung, die lauter Gegensätzlichkeiten umfasst. Was man unter Perfektion versteht, variiert natürlich von Mensch zu

Mensch, denn sie entspricht den gelebten Emotionen eines jeden, aber ein gemeinsamer Zug bleibt: Es handelt sich um eine symbiotische Beziehung, die dauerhaft und völlig kontrollierbar ist. Diese Suche kann verschiedene Formen annehmen und von der Aneinanderreihung vieler oberflächlicher Beziehungen bis zur Vertiefung einer einzelnen Partnerschaft reichen. Aber die treibende Kraft ist immer dieselbe: Es gilt, dem Partner zu beweisen, dass entweder er oder der an Verlassenheit Leidende die erwünschte Perfektion nicht erreichen kann und dass die Beziehung zum Scheitern verurteilt ist, was das Gefühl der Unzulänglichkeit verstärkt, unter dem der Verlassene seit seiner Kindheit leidet: Es ist ihm nicht gegeben, gut genug zu sein, um geschätzt und geliebt zu werden. Dieses mangelnde Selbstwertgefühl und die starke Abwertung der eigenen Person, die es begleitet, werden von der Denke erschaffen, die einen Menschen ängstlich und wertend werden lässt. Das ist ein zentraler Punkt im Leben des Verlassenen. Es ist wichtig, das zu betonen, denn diese Feststellung erlaubt auch einen Ausblick auf die Methode, die ein Mensch anwenden muss, um zu genesen.

Kapitel 5:
Was tun, um von der Verlassenheit zu genesen?

Ein Mensch, der an Verlassenheit leidet, ist sich – wie wir gesehen haben – kaum bewusst, dass er diese »Krankheit« hat. Betont werden sollte jedoch, dass der Verlassene nicht unbedingt Symptome zeigen muss und nicht eigentlich »krank« ist. Wenn ein Mensch in bestimmten Situationen angespannt ist oder sich immer wieder nach dem gleichen Schema verhält, ohne sich dem entziehen zu können, ist es für ihn sehr schwer, ja sogar unmöglich, daraus die richtigen Schlüsse zu ziehen. Nichts bietet ihm hier Orientierung. Er mag sich bewusst sein, dass etwas in seinem Leben »nicht gut läuft«, aber weiter reichen die Überlegungen selten. Außerdem ist es schwer zuzugeben, dass man einst verlassen wurde, wie wir ebenfalls gesehen haben. Und selbst wenn jemand das akzeptiert, weigert er sich doch häufig, diesem Vorfall eine Bedeutung beizumessen. Er versucht vielmehr, dessen Einfluss auf sein Leben kleinzureden. Außerdem sind die Symptome, die ein an Verlassenheit Leidender aufweist, nicht spezifisch für das Verlassenwerden. So kann eine Blasenentzündung wie

bei Pascale nicht allein durch das Verlassensein ausgelöst werden. Man kann mit Blick auf die energetische Medizin höchstens festhalten, dass bei einer Blasenentzündung oft Angst eine Rolle spielt und dass diese Angst unterschwellig oft mit dem Verlassenwerden zu tun hat.

Tatsache ist: Es gibt keine klinischen Anzeichen oder Symptome, die wir allein dem »Verlassenwerden« zuordnen können. Erst wenn ein Mensch bereit ist, über diese erkennbaren Zeichen hinauszuschauen, wird er entdecken, dass das »Verlassenwerden« sein eigentliches Problem ist. Und erst in diesem Moment wird er daran arbeiten können, um ganz davon zu genesen. Wenn er das nicht tut, ist es sehr wahrscheinlich, dass die Symptome anhalten. So hat Pascale zuerst an akuter Blasenentzündung gelitten, dann an wiederkehrenden Blasenentzündungen und schließlich ein Stadium erreicht, das die Medizin als »chronische Blasenentzündung« einstuft. Es ist jedoch nie verkehrt zu unterstreichen, dass diese sehr medizinischen Worthülsen nicht viel an dem ändern, was der Betroffene durchmacht! Er wird weiterhin brav mit Antibiotika und anderen Substanzen behandelt, die ihn der Lösung seines Problems keinen Schritt näherbringen.

Wie wir anhand der zahlreichen Fallbeispiele feststellen konnten, ist es nötig, die tieferen Ursachen für das Unwohlsein oder die Symptome eines Menschen zu entdecken, um ihn behandeln zu können. Solange jemand nicht erkannt hat, dass er darunter leidet, verlassen worden zu sein, ist es illusorisch, von einer Behandlung oder Therapie für die Verlassenheit zu sprechen.

Das Paradoxe am Verlassenen

Emilie, eine Frau von 43 Jahren mit drei halbwüchsigen Kindern, sucht mich auf, nachdem ihr Mann sich von ihr getrennt hat. Diese Trennung kam für sie »wie ein Blitz aus heiterem Himmel«. Emilie ist Geschäftsführerin, doch seit dem Vorfall arbeitet sie eigentlich nicht mehr, so schlecht fühlt sie sich: Sie hat stark abgenommen und zu nichts mehr Lust. Sie beklagt sich darüber, wie erschöpft, schwach und müde sie ist. Sie kann nur noch mithilfe von Medikamenten schlafen und äußert Selbstmordgedanken. Außerdem leidet sie an Konzentrationsschwäche und Erinnerungslücken, ist überaus lärmempfindlich und verträgt auch nicht den kleinsten Widerspruch. Sie kommt auf Anraten einer Freundin, die sich große Sorgen um ihre Gesundheit macht, denn es geht Emilie immer schlechter. Emilie sagt mir, dass sie für diese Trennung überhaupt nicht bereit war, denn ihrer Meinung nach funktionierte ihre Ehe gut und verlief ohne größere Probleme. Dafür hatte sie auch alles getan und versteht nun nicht, warum ihr Mann ohne jede Vorwarnung so plötzlich beschlossen hat, zu gehen und mit einer anderen Frau zu leben. Sie hat obendrein entdeckt, dass er sie schon früher betrogen hat. Emilie ist sehr wütend auf ihren Mann. Sie hat ihm das auch sehr wohl gesagt und gezeigt, indem sie seine gesamte Kleidung in den Müll geworfen hat. Seit einem halben Jahr beklagt sie diese Trennung nun, doch es gelingt ihr nicht, sie zu überwinden. Auch auf die neue Geliebte ihres Mannes ist sie sehr wütend. Und natürlich hat sie ihren Hausarzt zurate gezogen, der ihr erklärt hat, sie leide an einer

nervösen Depression. Er verschrieb ihr sofort ein Antidepressivum, das sie seit drei Wochen nimmt. Einmal abgesehen davon, dass das Medikament sie abstumpfen lässt, scheint es jedoch nicht viel zu bringen ...

Emilie hat mit 19 Jahren geheiratet und seither glücklich und ohne Probleme mit ihrem Mann zusammengelebt, bis zu dem Tag, als dieser die schreckliche Neuigkeit kundtat. Sie begreift nicht, dass man in einer Partnerschaft den Anderen betrügen kann, und hat ihren Mann auch nie hintergangen. Sie empfindet das als große Ungerechtigkeit, denn sie hat alles getan, damit ihre Familie so perfekt und so glücklich wie möglich ist. Das hat ihr große Opfer abverlangt. In der Tat ist sie nicht nur Geschäftsführerin, sondern hat auch drei Kinder zur Welt gebracht, um die sie und ihr Mann sich sehr gekümmert haben, was sie nach wie vor noch tun. Sie versteht nicht, was vorgeht, erklärt den Fortgang ihres Mannes mit der berüchtigten Midlife-Crisis und fühlt sich verraten und im Stich gelassen. Zu keinem Zeitpunkt stellt sie sich selbst infrage, und ich merke, dass sie wirklich und wahrhaftig nicht versteht, was vorgefallen ist. Weil ich außerdem sehe, dass Emilie intelligenter ist als der Durchschnitt und ihre Karriere sie in Kontakt mit vielen Menschen bringt, wundere ich mich über diese »Naivität«, aber ich will sie im Moment nicht auf diesen Punkt aufmerksam machen. Am stärksten ist bei ihr das Gefühl der Ungerechtigkeit ausgeprägt: Sie fühlt sich in ihren Leistungen für die Familie nicht anerkannt, sie fühlt sich verhöhnt und verspottet. Sie hat den Eindruck, im Gegenzug für ihre Leistungen und dargebrachten Opfer nichts zu bekommen. Und dieses Gefühl der Ungerechtigkeit verletzt sie zutiefst.

Emilie leidet und braucht dringend Hilfe, damit es ihr baldmöglichst etwas besser geht. Zwei Möglichkeiten bieten

sich jetzt dem Arzt und der Patientin, um sie von dem zu heilen, worunter sie leidet: der klassische Weg, der die Krankheit als Verhängnis begreift, und ein unkonventioneller und nicht institutionalisierter Weg, dem ich den Vorzug gebe und der die Krankheit als Chance sieht. Versuchen wir zu verstehen, was die beiden unterscheidet.

Der klassische medizinische Weg: Krankheit als Verhängnis

Die klassische medizinische Vorgehensweise besteht aus drei Schritten: In einem ersten Schritt verkündet man dem Patienten, dass seine Symptome (Müdigkeit, Erschöpfung, Schlafstörungen, Gereiztheit, Verletzlichkeit, Konzentrationsschwäche und Erinnerungslücken, Lärmempfindlichkeit, Abgestumpftheit und Selbstmordgedanken) Teil eines Syndroms sind, also einer Reihe von Symptomen, die man »nervöse Depression« nennt. Der zweite besteht darin, ihm ein Medikament namens Antidepressivum zu verschreiben, um diese Symptome zu bekämpfen. Und schließlich kann der Arzt, der diesen Weg wählt, dem Betroffenen auch dazu raten, einen Psychiater oder einen Psychologen aufzusuchen. Die Strategie ist einfach, man geht wie folgt vor:

1. Das Unwohlsein abwenden, indem man – wie in diesem Fall – ein Medikament gibt, das es der Patientin erlaubt,

sich besser zu fühlen, sowohl in körperlicher als auch in seelischer Hinsicht. Gleichzeitig nimmt man einige Nebenwirkungen in Kauf, die sich von Medikament zu Medikament unterscheiden. Dieses Medikament braucht etwa zwei bis drei Wochen, um seine volle Wirkung zu entfalten. Heutzutage geht die Tendenz dahin, ein solches Medikament mindestens ein Jahr lang zu verschreiben, manchmal sogar länger. Untersuchungen haben gezeigt, dass es sehr häufig zu Rückfällen kommt, wenn man das Antidepressivum über einen kürzeren Zeitraum einnimmt.

2. Eine länger währende Therapie bei einem Psychologen empfehlen, damit die Patientin entdeckt, warum sie so heftig auf eine Situation reagierte, die zwar sicher schlimm war, aber nicht solche Folgen haben sollte. Diese Therapie soll es ihr ermöglichen, eine neue Lebenseinstellung zu erlangen, um nicht rückfällig zu werden. Ein solcher Ansatz, der sehr analytisch und intellektuell ist, wird Monate in Anspruch nehmen, wenn nicht sogar Jahre. Er soll der Patientin helfen, besser zu verstehen, in welchen »abwegigen«, »krankhaften« und »abnormen« Schemata sie gedacht hat, die – wie man ihr versichert – den Ursprung ihres Unwohlseins ausmachen. Es wäre schön, wenn die Patientin im Verlauf dieser langen Arbeit allmählich auf die Antidepressiva verzichten könnte, aber leider ist das alles andere als sicher! Dieser Ansatz geht gegen die Symptome und gegen die Krankheit vor. Parallel dazu versucht man, der Betroffenen verstehen zu helfen, warum sie leidet. Wenn das eintritt, gilt die Arbeit als getan und in Medizinerkreisen als völlig ausreichend.

Diesem Ansatz liegt das Konzept von »Normalität« zugrunde. Diese Normalität wird von einer genormten Medizin und den Medizinerkreisen definiert. Diese Fachleute werden von einer Gesellschaft und einer Wissenschaft ausgebildet, die im Glauben an ihre Allmacht darüber befinden, was für ein Individuum als normal zu gelten hat und was nicht. So gilt es als normal, beim Tod eines nahestehenden Verwandten zu weinen, aber zu viel Weinen gilt als anormal und muss sofort durch Antidepressiva eingedämmt werden. Ohne diese würde der Betroffene riskieren, im täglichen Hamsterrad nicht mehr zu funktionieren. Deshalb hat die Einnahme von Antidepressiva in den letzten Jahren in Nordamerika und in verschiedenen Ländern Europas auch explosionsartig zugenommen, vor allem in Frankreich, wo diese Psychopharmaka mit am häufigsten genommen werden. Diese Tatsache, welche die Pharmaindustrie jubeln lässt, sollte die Verantwortlichen im Gesundheitswesen aufhorchen lassen, denn sie haben einen Großteil der Verantwortung und können ihren Einfluss geltend machen. Und was Psychiater und Psychologen betrifft: Die Praxen sind so überlaufen, dass es sehr schwer ist, einen Termin bei ihnen zu bekommen. Man kann die Situation auch anders erklären: Es ist schwer in Mode, einen eigenen »Seelenklempner« zu haben, und die Therapien dauern in der Regel lang.

Wer definiert die Normen? Auf welche wissenschaftliche Basis soll man sich stützen, um festzulegen, was normal ist und was nicht? Ab welchem Zeitpunkt ist ein Leiden »anormal«? Muss der Einzelne sich dazu entschließen, Normen zu akzeptieren, die völlig willkürlich von anderen Menschen erstellt wurden, welche aber von sich selbst behaupten, dafür qualifiziert zu sein? Dieses Thema allein würde schon ein Buch füllen, und es liegt nicht in meiner Absicht,

mich darüber auszulassen. Allerdings scheint es mir wichtig, sich bewusst zu machen, dass die Schulmedizin leider von solchen Normen eingeengt wird und dass man sich in Fachkreisen entweder davon täuschen lässt oder sogar daran beteiligt. All diese Untergruppen sind aber auf jeden Fall Teil einer Medizin, die nur ein einziges Ziel hat: *die Krankheit zu bekämpfen.*

Daraus leitet sich eine vereinfachende Logik ab: alles zu tun, was sein muss, um die Symptome einzudämmen oder im Keim zu ersticken und eine neue Funktionsweise zu etablieren, damit ein Rückfall vermieden wird. Kurz: Es geht darum, die *Symptome* zu behandeln, und nicht die *Ursachen* der Krankheit. Ich habe diesen Ansatz bereits einmal mit einem Klempner verglichen, den man wegen eines Wasserrohrbruchs ruft und der sich wie folgt verhält: Zuerst sagt er seinem Kunden mit einem gewissen Nachdruck, er könne bestätigen, dass es eine undichte Stelle gibt. Dann fügt er hinzu, dass dies nicht normal sei und dass man also etwas dagegen tun müsse. Das wäre seine »Diagnose«, und diese Aussage könnte man mit der eines Arztes vergleichen, der seinem Patienten erklärt, er leide unter Depressionen. Dann würde er ein »Rezept« aufsetzen, damit der Kunde sich Wassereimer und Putzlappen besorgen kann, um die durch den Rohrbruch entstandenen Schäden zu begrenzen und so vorübergehend Erleichterung zu finden. Zum Schluss würde er dem Kunden noch sagen, dass er wieder vorbeikommen wolle, um zu sehen, wie die Dinge sich entwickeln ... Ich kann mir den Gesichtsausdruck des Kunden lebhaft vorstellen und vor allem die Szene, die darauf folgen würde. Man kann jede Wette eingehen, dass der Klempner bestenfalls bald pleite ist und schlimmstenfalls wegen totaler Inkompetenz angeklagt und vor Gericht gestellt wird. Es ist schon erstaunlich, wie

intelligente und besonnene Männer und Frauen tolerieren, dass die Schulmedizin immer auf diese Art weitermacht und überhaupt nicht infrage gestellt wird. Wie schön für die Mediziner, die Pharmaindustrie und die Versicherungen, wie schade für den Einzelnen. Wie schön für jene, die ihre Entscheidungsmacht gewahrt sehen, wie schade für jene, die diese Diktatur hinnehmen, ohne mit der Wimper zu zucken oder Fragen zu stellen. Kurz: wie schön für die Täter, wie schade für die Opfer. Aber dass die Täter sich das Recht anmaßen, von Ethik in der Medizin zu reden, scheint mir doch ein starkes Stück. Denn seit wann erlaubt es besagte Ethik, all jene lächerlich zu machen und aus der Verantwortung zu entlassen, die ernsthaft leiden? Gegen eine Krankheit *anzukämpfen* kann nur zum Scheitern führen und nicht zur Heilung, denn solange die Ursache einer Krankheit nicht bekannt ist, besteht diese in der einen oder anderen Form weiter und taucht wieder auf – genau wie der Wasserschaden bleibt, wenn man nicht nach dem eigentlichen Leck sucht.

Ein vergeblicher Kampf

Gegen eine Krankheit anzukämpfen ist folglich eine Option, die nicht wirklich interessant ist, denn:

 Es erlaubt der Krankheit, *wieder aufzutreten* und chronisch zu werden. Nehmen wir als Beispiel jemanden, der an einer Entzündung der Nasennebenhöhlen leidet. Diese wird mit Antibiotika behandelt, welche in der Regel die Symptome erst einmal verschwinden lassen oder

zumindest abschwächen. Aber es kommt häufig vor, dass die Nebenhöhlenentzündung wiederkehrt, sei es einige Tage oder einige Wochen später. Diesmal gibt es neue und stärkere Antibiotika. Jetzt ist in der Diagnose nicht mehr von einer akuten Nebenhöhlenentzündung die Rede, sondern von einer wiederkehrenden. Wenn das Krankheitsbild bestehen bleibt, schließt der Arzt auf einen chronischen Verlauf und stützt sich dabei eventuell auf Röntgenbilder, die eine Anschwellung der Nasenschleimhaut zeigen. Und die Behandlung wird trotz des geringen Erfolges wiederholt, ohne dass sich Patient oder Arzt die Frage nach der Gültigkeit des Behandlungsansatzes stellen.

Es erlaubt der Krankheit, sich zu *organisieren,* um die therapeutischen Ansätze zu umgehen: Organismen wie Viren, Bakterien und entartete Zellen verfügen in der Tat über ein außerordentliches Anpassungsvermögen, das ihnen ein Überleben ermöglicht. Viren sind fähig, ein einziges Element ihrer Struktur zu verändern, um jeder Behandlung zu entkommen. So kann zum Beispiel das Grippevirus Jahr für Jahr grassieren, denn es tritt jedes Mal mit einer leichten Strukturveränderung auf, die aber bedeutend genug ist, damit sie von den Abwehrzellen nicht erkannt wird, die unser Immunsystem aussendet. Bakterien entwickeln ihrerseits sehr ausgefeilte Mittel, um gegen Antibiotika resistent zu werden. Deshalb muss man immer neue und immer stärkere Medikamente entwickeln, um sie zu zerstören. Leider erweist sich die Stärke dieser Antibiotika für den Menschen als sehr schädlich, manchmal sogar als so schädlich, dass man unbedingt andere Wirkstoffe finden muss, um sie

zu substituieren. Die Macht, die Bakterien im Laufe dieser »natürlichen Auslese« erlangen, ist so groß, dass für manche – wie den Staphylokokkus aureus – die aktuellen Medikamente unwirksam sind, was die verheerenden Auswirkungen durch sogenannte Krankenhauskeime erklärt, also durch Infektionen, die man sich im Krankenhaus einfängt. Paradoxerweise kann es also gefährlich sein, ins Krankenhaus zu gehen, um sich dort heilen zu lassen.

Die Krankheit kann verschwinden und *unter anderer Form wiederkehren:* Die bestehenden Behandlungsmöglichkeiten sind in der Tat so, dass sie eine Krankheit dazu veranlassen, sich zu wandeln. Das ist ein interessantes Phänomen, dem von der klassischen Medizin nicht Rechnung getragen wird, und zwar aus vielerlei Gründen, die ich hier nicht aufzählen möchte. Kehren wir noch einmal zu der Person zurück, die in ihrer Kindheit und Jugend an chronischer Nasennebenhöhlenentzündung leidet, um dieses Phänomen zu verstehen. Es kann sein, dass der Betroffene sich durch viele Antibiotikabehandlungen und andere Mittel von der Krankheit befreit sieht. Er und sein Arzt werden sich über den Sieg freuen. Sehr häufig treten aber zehn oder auch zwanzig Jahre später relativ schwere Folgeerkrankungen rheumatischer Natur auf. Die Schulmedizin wird das als Zufall werten. Ein medizinischer Ansatz aber, der mit dem Begriff des »biologischen Terrains« arbeitet, weiß dagegen nur zu gut um die Zusammengehörigkeit von Nebenhöhlenentzündung und Rheumatismus. Dieser Ansatz definiert das biologische Terrain als die Gesamtheit der Stärken und Schwächen, die jedem Wesen zum Zeitpunkt seiner Geburt eigen

sind. Wenn eine Erkrankung auftritt, erscheint es viel gescheiter, sie auszunutzen, um das biologische Terrain zu stärken, als zu versuchen, sie um jeden Preis auszumerzen und dabei eine Schwächung des biologischen Terrains zu riskieren. Das gilt umso mehr, weil die Erkrankung einige Zeit später sehr wohl in anderer Form wiederkommen kann, wenn das biologische Terrain geschwächt ist. Ohne zu lange bei dem Begriff des biologischen Terrains verweilen zu wollen, sollten wir doch im Sinn behalten, dass man die Suche nach einer dauerhaften Heilung für eine Erkrankung oft nur aufschiebt, wenn man sie mit immer aggressiveren Behandlungsmethoden zum Verschwinden bringt.

Gegen eine Krankheit anzukämpfen nützt nichts, und das aus mehreren Gründen:

- Es ist vergeudete Energie, so als würde man einen Wasserrohrbruch langfristig mit Eimer und Putzlappen bekämpfen.

- Damit liefert man sich *Medikamenten* aus, deren Nebenwirkungen oft schlimmer sind als die Krankheit selbst. Es ist sogar erstaunlich, wie groß die Wechselwirkung zwischen der Bedeutung der Nebenwirkungen und der Bedeutung einer Krankheit ist. Je schwerer die Erkrankung, desto schlimmer die Nebenwirkungen eines Medikaments! Die Behandlung besteht in der Tat oft aus einer Kombination mehrerer Medikamente, von denen jedes zahlreiche Nebenwirkungen hat und unter denen es zu Wechselwirkungen kommt. Zu diesen Nebenwirkungen gehört zum Beispiel, dass während der Einnah-

me bestimmter Substanzen, vor allem derer, die im Bereich der Onkologie verwendet werden, keine weißen Blutkörperchen mehr produziert werden. Dabei sind die weißen Blutkörperchen notwendig, um Viren, Bakterien und andere Erreger zu bekämpfen. So kommt es, dass ein Patient, der von den entarteten Zellen in seinem Körper geheilt ist, also von seiner Krebskrankheit, an einer banalen Erkrankung wie einer Grippe sterben kann, denn sein Immunsystem existiert nicht mehr.

Man fördert damit die *mangelnde Verantwortung* des Patienten für sich selbst. Die Vision der Schulmedizin ist einfach, um nicht zu sagen vereinfachend: Der Betroffene ist nicht verantwortlich für sein Leiden, denn die Krankheit ist dem Zufall geschuldet. Der Betroffene wurde aus Zufall von Viren oder Bakterien angegriffen. Oder es ist reiner Zufall, dass er Opfer eines Tumors ist. Dieser Tumor ist aufgrund entarteter Zellen entstanden, die ein besonders hohes Vermehrungspotenzial haben, wie es zum Beispiel bei einer Krebserkrankung der Fall ist. Dann erscheint es auch nur logisch, alles zu tun, um gegen den Verantwortlichen zu kämpfen, der aber nur höchst selten der Betroffene ist. So bekämpft man – häufig mit dem Einverständnis des Patienten – das Virus, die Bakterien oder die entarteten Zellen. Wo steht der Patient bei all dem? Am Rand und nicht im Mittelpunkt, denn er ist für nichts verantwortlich und nur ein Opfer.

Diese mangelnde Verantwortung hat eine zweite Konsequenz: Wer ist am ehesten in der Lage, um wirkungsvoll gegen die Krankheit anzukämpfen? Ganz sicher nicht der Kranke, wenn man berücksichtigt, dass er auf dem Gebiet

der Wissenschaft und der Medizin meist relativ unwissend ist. Die Antwort drängt sich auf: der Arzt und die Fachleute. Und so wird zum Wohle des Patienten und seines Arztes die direkte Verantwortung für die Heilung dem Arzt anvertraut, der zum alleinigen Verantwortlichen für den Kampf gegen die Krankheit wird und über die Entscheidungsgewalt verfügt. Da passt es auch ins Bild, dass er ein »Rezept« schreibt, nachdem er die Diagnose gestellt hat. So erfährt der Patient fast nichts über das, was er durchmacht, wenn er leidet – höchstens, dass es angesichts der Krankheit nicht viel ist. Er »überlässt« seine Macht und seine Verantwortung dem allmächtigen Arzt. Wie gut, dass die Götter in Weiß so präsent und nur zu bereit sind, ihn zu retten! Leider ist das aber auch der Hauptgrund dafür, dass die Krankheit mit größter Wahrscheinlichkeit wiederkommt und chronisch verläuft, und das trotz der Verwendung einer großen Bandbreite an Medikamenten und der besonnenen Ratschläge des Arztes.

Die Seelenprofis

Die Bedeutung des Leidens zu verstehen ist der dritte Teil des klassischen medizinischen Ansatzes. Verstehen ist das Vorrecht der Psychiater, Psychologen und Psychoanalytiker. Diese werden auf Bitten eines Betroffenen tätig oder auf Nachfrage eines Kollegen aus dem Gesundheitsbereich, der vorab zu dem Schluss gekommen ist, sein Patient oder seine Patientin brauche das im Hinblick auf die »Abnormität« seiner Leiden. In Emilies Fall ist es anormal, dass sie »so« traurig ist. Und es ist zwar nachvollziehbar, dass sie wütend auf

ihren Mann ist, aber doch nicht »so wütend«. Sehr schnell wird der Seelenprofi – erinnern wir uns daran, dass die »Psyche« im Französischen auch die Seele bezeichnet – die Diagnose des Allgemeinarztes oder eines anderen Nichtspezialisten bestätigen oder entkräften. Ist die Diagnose einmal bestätigt, wird der Patient oder die Patientin dazu aufgefordert werden, an sich selbst zu arbeiten.

Die heillose Verwirrung, die zurzeit im Bereich der Psychotherapien herrscht, dürfte die Unsicherheit der armen Emilie nur noch vergrößern. Die Ansätze sind ja in der Tat sehr unterschiedlich – je nachdem, ob man sich auf dem Sofa eines Psychiaters oder eines Psychoanalytikers wiederfindet, der Schüler von Freud, Lacan, Jung oder wem auch immer war, oder zu einem anderen Arzt geht. Je nachdem auch, ob man eine Psychotherapie mit psychoanalytischer Ausrichtung oder eine kognitive Verhaltenstherapie macht, und je nachdem, ob man parallel dazu Medikamente einnimmt. Noch nicht berücksichtigt ist dabei, dass sich die therapeutischen Ansätze von Land zu Land unterscheiden. Da gibt es zum Beispiel die französischen, die britischen und die amerikanischen Schulen, die ihrerseits wieder in verschiedene Strömungen unterteilt sind und sich gegenseitig mehr oder weniger vehement widersprechen.

Genauso selbstverständlich empfiehlt der Therapeut dem Betroffenen natürlich seinen Ansatz, denn er ist in der Regel felsenfest davon überzeugt, sein Ansatz sei der beste (sonst hätte er ihn auch längst gewechselt!). Und um das Ganze noch ein bisschen weiter zu spinnen: Genauso selbstverständlich ist, dass jeder Therapeut seinen Ansatz an seine Lebens- und Berufserfahrungen anpasst. Ich habe versucht, mich bei der Beschreibung der vielfältigen Therapien, die dem Betroffenen vorgeschlagen werden könnten, so kurz

wie möglich zu fassen. Abgesehen davon, ist jener meist gar nicht fähig, eine objektive Wahl zu treffen. Er wird sich deshalb auf eine vorgegebene Therapie einlassen, ohne wirklich zu wissen, worin diese besteht. Wie wir sehen, ist die Vielfalt gewährleistet, aber die totale Zusammenhanglosigkeit auch.

Nachdem ihm eine Auswahl aufgedrängt wurde, hat der Betroffene nur noch an der Entdeckung der Gründe und der Suche nach dem Verständnis für sein Unwohlsein teilzunehmen. Daraus kann eine kurze oder lange Therapie werden.

Emilie wird sich wahrscheinlich bewusst machen, dass sie leidet, weil sie von ihrem Mann zurückgewiesen und verlassen wurde, was sie sicher über kurz oder lang auch erkennen lässt, dass sie als Kind bereits einmal verlassen wurde. Parallel dazu rät der Therapeut ihr, die Erlebnisse, die sie nicht ändern kann, zu akzeptieren und denen zu »verzeihen«, die dafür verantwortlich sind. Das ist in wenigen Sätzen die Zusammenfassung der langen Therapie, die Emilie zurück in die Normalität führen soll. Im Laufe der Monate oder Jahre ist sie eine wandelnde Bibel geworden, was das Warum und das Wie ihres Problems mit dem Verlassenwerden und der Selbstabwertung betrifft. Allerdings hat sie keinen blassen Schimmer, was sie tun kann, um zu genesen. Aber sie wird gelernt haben, sich von ihren Problemen zu lösen und sie kleinzureden, um sich ihnen besser stellen und den verheerenden Auswirkungen ihrer Krisen vorbeugen zu können, indem sie mithilfe einiger »leichter« pharmakologischer Substanzen auf Distanz dazu geht und indem sie eine Vermeidungs- und Fluchthaltung einnimmt. All das kann sie noch unterstützen, indem sie die Techniken eifrig praktiziert, mit denen man seine Psyche beherrscht. Sie fühlt sich tatsächlich deutlich besser, wenn sie auf Ab-

stand zu ihren Problemen geht. Sie weiß jetzt, wie sie effektiver mit ihnen umgeht, weil sie genauestens im Bilde darüber ist, was ihr Kopfzerbrechen bereitet. Emilie geht es besser, da sie Einblick und Bewusstsein erlangt hat. Der Seelenprofi hat all diese Arbeit und diese Entdeckungen eingeleitet. Ihm ist zu danken, ja: Er ist zu rühmen! Der Betroffene leidet zwar noch immer, aber er weiß aufgrund dieser bemerkenswerten Arbeit endlich, warum.

Ich kann nicht umhin, anstelle einer Schlussfolgerung zu zitieren, was der berühmte Psychologe und Jung-Schüler James Hillman über die Psychologie sagt: »Mit der ›tödlichsten‹ Sünde der Psychologie meine ich die Sünde des Abtötens, das tote Gefühl, welches einen überfällt, wenn man die Texte professioneller Psychologen liest, ihre Sprache hört, ihre monotone Stimme, ihre dickleibigen Lehrbücher, ihre ernsthaften Behauptungen und langatmigen Proklamationen neuer ›Ergebnisse‹, die kaum weniger banal sein könnten, ihre schmerzstillenden Mittel zur Selbstbedienung, ihre Ausstattung und ihre Modetrends, ihre Fachbereichskonferenzen und ihre beruhigenden Sprechzimmer, diese stehenden Gewässer, in denen die Seele wiederhergestellt werden soll, dieses letzte Refugium einer Weißbrotkultur: altbacken, ohne Biss.«[19]

Zusammenfassend hier noch einmal die Vorgehensweise, zu der die Schulmedizin rät, um einen Verlassenen zu heilen:

1. Sich von seinem Problem lösen
2. Dieses Problem kleinreden
3. Beruhigungsmittel einnehmen
4. Eine Vermeidungs- und Fluchthaltung annehmen
5. Techniken zur Beherrschung der Psyche anwenden

Der alternative medizinische Weg: Krankheit als Chance

Jeder, der das Vorangegangene gelesen hat, wird erkannt haben, dass es eine weitere Möglichkeit gibt, Krankheit und Leid anzugehen. Wie ich bereits erwähnt habe, gebe ich dieser den Vorzug.

Die Dringlichkeit besteht nicht darin, zu erklären, was passiert ist, sondern darin, den Patienten wieder ins Heute zu holen, das ja die Zeit ist, in der er lebt, und die einzige, in der er wieder Kontakt zu sich selbst aufnehmen kann. Die Dringlichkeit besteht nicht darin, zu diskutieren und zu verstehen, was vorgefallen ist, sondern darin, die Emotionen zu erkennen, die man aufgrund des Verlassenwerdens hat. Diese beiden Ziele bestimmen die Haltung, die es anzunehmen gilt, wenn man einem Betroffenen erlauben will, von seinem Leiden zu genesen, und dann ist die Krankheit kein Verhängnis, sondern eine Chance.

Das Symptom als Freund

Bei diesem Ansatz sind Emilies Symptome nicht länger Feinde, sondern Zeichen, die ihr Körper ihr schickt, um sie auf etwas hinzuweisen. Man muss sie nicht mehr bekämpfen, sondern sieht sie als wichtige Hinweise, die – wenn sie richtig interpretiert werden – es Emilie erlauben zu genesen. Bei

diesem Ansatz ist der Körper nicht länger ein Feind, sondern im Gegenteil ein Freund, der dem Leidtragenden eine Nachricht überbringt, um ihm zu ermöglichen, sein Schicksal in die Hand zu nehmen und sein Befinden zu verbessern.

Kommen wir noch einmal zu Emilie und ihren Symptomen zurück: Was will ihr Körper ihr sagen? Müdigkeit, Schlafstörungen, extreme Gereiztheit, all das will ihre Aufmerksamkeit auf die Anspannung lenken, die in ihr herrscht. Diese körperlichen Anzeichen sind sehr bezeichnend, und man muss kein langes Studium absolviert haben, um sie zu verstehen. Eine Spannung kann nur in dem Moment entstehen, wenn mindestens zwei Teile oder Einheiten einander gegenüberstehen. Welches sind diese beiden Teile bei Emilie?

Erinnern wir uns an einen wesentlichen Punkt: Der Mensch lebt im Heute, und nur wenn er in diesem Heute lebt, ist er in Kontakt mit dem, was sein Leben ausmacht. Das sind:

- Die Emotionen: Freude, Trauer und Wut in all ihren Erscheinungsformen
- Begierden und Abneigungen
- Die nützlichen Areale des Gehirns, vor allem das Erinnerungs- und das Denkvermögen
- Intuition, Kreativität, Begeisterungsfähigkeit, Spontaneität und noch einige andere Qualitäten
- Die Liebe

Welches Zeichen sendet der menschliche Körper aus, um zu sagen, dass er wirklich im Hier und Jetzt lebt? *Entspannung,* die der Mensch körperlich spürt. Und welches Zeichen sendet er aus, um zu sagen, dass er nicht im Hier und Jetzt lebt?

Anspannung, die ebenfalls sehr wohl spürbar ist, wenn ein Mensch seinen Körper auch nur ein bisschen wahrnimmt. Diese Anspannung zeigt sich auf unterschiedliche Weise. Wendet sich der Mensch der Zukunft zu, bezeichnet er sie je nach Intensitätsgrad als »Angst«, »Furcht«, »Sorge«, »Panik« oder »Phobie«. Blickt der Mensch dagegen zurück in die Vergangenheit, wird er eher von »Bedauern«, »Reue« oder »Schuldgefühlen« sprechen, und auch das wieder je nach Intensitätsgrad. Welches Zeichen sendet der Körper eines Menschen aus, wenn Letzterer Freude, Trauer und Wut nicht mehr erkennt, nicht mehr spürt und nicht mehr auslebt? Erneut Anspannung, die körperlich sehr gut wahrnehmbar ist und die sich oft wie ein Knoten, eine Verkrampfung, ein Kloß oder Ähnliches anfühlt. Sobald sich der Betroffene wieder erlaubt, seine Emotionen zu erkennen, zu spüren und auszuleben, stellt sich fast sofort eine Entspannung ein, die auch umgehend körperlich bemerkbar ist.

Bei jedem weiteren Beispiel würden wir sehen, dass jedes Mal, wenn der Mensch blockiert, was ihn zum Menschen macht, der Körper sofort mit Anspannung reagiert, die stärker oder schwächer ausfallen kann. Deshalb können wir unseren Körper als unseren besten Freund betrachten, der uns vor der Gefahr warnt, die besteht, wenn wir nicht mehr im Hier und Jetzt leben und in Kontakt mit uns selbst sind. Der Körper sagt uns mittels der empfundenen Spannung, dass unsere Denke dabei ist, die Kontrolle über uns zu übernehmen. Wie wir bereits erwähnt haben, ist die Denke oder auch das Ego für Folgendes verantwortlich:

🌂 Sie schneidet uns vom gegenwärtigen Moment ab und stürzt uns in die Zukunft mit ihrem Gefolge aus Ängsten, Befürchtungen und mangelndem Selbstvertrauen und

in die Vergangenheit, die voller Schuldgefühle und Reue ist.

- Sie schneidet uns so sehr von unseren Emotionen ab, dass wir uns manchmal nicht mehr bewusst sind, überhaupt welche zu haben.
- Sie bringt uns dazu, uns mit anderen zu vergleichen. Wir neigen dann leichter zu Werturteilen und haben den Eindruck, über- oder unterlegen, normal oder anormal zu sein.
- Sie hält uns an zu tun, »was sein muss« und »was sich gehört«, obwohl wir das vielleicht gar nicht wollen.
- Sie bringt uns dazu, immer hinter den Anderen zurückzustecken und unsere Bedürfnisse nicht zu respektieren.
- Sie hindert uns, Begierden oder Abneigungen zu haben.
- Sie lässt uns in sinnlosen Gedanken und Illusionen versinken.
- Sie hindert uns daran, mit dem in Kontakt zu sein, was aus uns ganzheitliche Wesen macht, die mit Intuition, Kreativität und vielen anderen Eigenschaften begabt sind.

Kurz: Unsere Denke hindert uns daran, uns zu lieben, sie ist die verkörperte Nichtliebe. Aber wir haben das Glück, dass unser Körper als unser wahrer Freund uns wissen lässt, wenn die Denke in der einen oder anderen Form einschreitet. Leider hören wir nicht oder nur selten auf ihn, wir beachten seine Warnungen nicht. Was passiert daraufhin? Die Anspannung bleibt, solange die Denke die Nase vorn und somit das Sagen hat. Dann taucht eine Reihe von Symptomen auf, die wir unter den Worten *Ermüdung* und *Stress* zusammenfassen können. Die Anzeichen sind die folgenden:

- ☂ Morgenmüdigkeit, die jemanden einen Teil des Tages oder den ganzen Tag begleiten kann
- ☂ Durchhänger und Erschöpfung, die immer um die gleiche Uhrzeit auftauchen
- ☂ Schlafstörungen, die sich durch Schwierigkeiten beim Einschlafen oder Durchschlafen (einmaliges oder mehrmaliges Aufwachen) zeigen und von Angstgefühlen und Anspannung begleitet werden können
- ☂ Die Unfähigkeit, sich an seine Träume zu erinnern, oder das Auftauchen wiederkehrender Albträume
- ☂ Erhöhte Gereiztheit und Verletzlichkeit sowie vielleicht ein Gefühl des Überdrusses, das bis zu Selbstmordgedanken reichen kann
- ☂ Ein stark vermindertes Konzentrations- und Erinnerungsvermögen
- ☂ Eine verminderte oder fehlende Libido

Diese Anzeichen, die zu mehreren oder einzeln auftreten können, sind als ernsthafter Alarm unseres Körpers zu verstehen. Unser Körper schlägt Alarm, um uns davor zu warnen, dass wir uns nicht respektieren – entweder, weil wir uns nicht erlauben, im Hier und Jetzt zu leben, oder weil wir nicht in Kontakt mit uns selbst sind. Unser Körper versucht, unsere Aufmerksamkeit zu wecken, indem er uns darauf hinweist, dass wir unter der Knute unserer Denke stehen und aus dem Gleichgewicht geraten sind.

Wenn unsere Denke weiterhin das Sagen hat und wir auch weiterhin nicht auf unseren besten Freund hören, nämlich unseren Körper, dann wird dieser unsere Aufmerksamkeit zu erlangen versuchen, indem er uns mit ernsthafteren Problemen konfrontiert: mit einer Krankheit oder einem Trauma.

Es ist wissenschaftlich erwiesen, dass unser Immunsystem bei einer bleibenden Anspannung nicht mehr in der Lage ist, seine Aufgabe gegen die Angreifer zu erfüllen. Dieses Immunsystem ist extrem komplex und arbeitet sehr effektiv, um uns vor den Angriffen von Viren und Bakterien zu schützen, die in unserer Umgebung auftreten. Eine Bakterienkultur unserer Haut würde beispielsweise zeigen, dass sich dort Tausende von Bakterien befinden, die zu verschiedenen Bakterienstämmen gehören und völlig harmlos sind, solange unsere natürlichen Abwehrkräfte funktionieren. Unter dem Einfluss von Stress – eine andere Bezeichnung für Anspannung – können unsere Abwehrkräfte nachlassen. Dann kann ein Ungleichgewicht im Verhältnis der verschiedenen Bakterienstämme auftreten. So kann das überproportionale Auftreten von bestimmten Bakterien, zum Beispiel von Streptokokken, zu Infektionen führen, die sich in einem Hautausschlag an einem Teil des Körpers oder am ganzen Körper zeigen. Das Gleiche gilt für entartete Zellen, die unser Körper täglich produziert: Um diese Zellen kümmert sich unser Immunsystem, das sie sehr schnell und sehr effektiv entsorgt. Wenn es aber zu einer längerfristigen Anspannung kommt, werden die Zellen, die für diese tägliche Reinigung zuständig sind, ineffektiv. So können gutartige oder bösartige Tumoren entstehen. Und auch, um sich vor Muskel- und Sehnenrissen zu schützen, ist unser Körper perfekt ausgestattet. Er verfügt nämlich über hellwache Reflexe und eine große Konzentrationsfähigkeit, die uns vor allen Arten von Unfällen und Traumata schützen können.

In dem Moment, in dem dieses Verteidigungssystem gelähmt oder unwirksam ist, kann ein Virus sich frei ausbreiten, ohne angegriffen zu werden. Nehmen wir zum Beispiel das Herpes-simplex-Virus und wählen wir dasjenige, das

in Form von Herpes simplex labialis auftritt, oft auch als »Herpesbläschen« bezeichnet wird und die Lippen betrifft. Sobald das Virus auf einen Menschen übertragen ist, wird es vom Immunsystem angegriffen, das seine Ausbreitung verhindert, die sich durch juckende und sehr schmerzhafte Lippenbläschen zeigen würde. Eine psychologische Erschütterung, ein zu langes Sonnenbad oder Übermüdung reichen, damit Herpesbläschen auftreten. Diese Erschütterungen unterschiedlicher Natur schwächen die Abwehr des Menschen. Gleichzeitig kann das Virus sich vermehren und die Bläschen erscheinen. Auf diese Art sagt der Körper des an Herpes simplex Leidenden, dass dieser sich nicht richtig um sich kümmert. Wir haben hier als Beispiel ein Virus genommen, aber es versteht sich, dass all dies auch für alle anderen potenziellen Angreifer gilt.

Unser Körper spricht die ganze Zeit mit uns und gibt uns mittels zweier ganz simpler Anzeichen Auskunft über unser Befinden: der Entspannung und der Anspannung. Wenn er zu konkreteren Anzeichen greift, bedeutet das, dass wir die erste Warnung vergessen oder verdrängt haben. Und denken wir stets daran, dass das Vergessen oder Verdrängen immer auf die Denke zurückzuführen ist. Emilies Körper spricht laut und deutlich, er versucht, ihr Nachrichten zukommen zu lassen, aber Emilie will nichts davon wissen, umso mehr, als man ihr nicht beigebracht hat, auf ihren Körper zu hören. Was sagt ihr Körper? Im Hinblick auf die vorangegangenen Ausführungen scheint das jetzt eindeutig: Ihre Denke bestimmt; entweder holt sie sie aus dem Hier und Jetzt, um sie in die Vergangenheit oder die Zukunft abzudrängen, oder sie schneidet Emilie von ihren Emotionen ab – oder sie macht sogar beides.

Sich selbst heilen

Die alternative Medizin wird in ihrem Ansatz folglich alles daran setzen, einem leidenden Menschen dabei zu helfen, zwei verschiedene, aber sich ergänzende Punkte in die Tat umzusetzen, und zwar in dieser Reihenfolge:

1. Seine Denke ausschalten, also zum Schweigen bringen, um im Hier und Jetzt anzukommen
2. Seine Emotionen erkennen, spüren und ausdrücken

Wir werden diese beiden Punkte gleich genau betrachten, doch vorher sollten die Vorteile dieses Ansatzes hervorgehoben werden.

Der Mensch wird im Hinblick auf seine Krankheit in die Verantwortung genommen. Dieser Punkt scheint mit das wesentliche Kriterium bei diesem Ansatz zu sein. Einen Menschen in die Verantwortung zu nehmen ist gleichbedeutend mit der Aussage, dass seine Krankheit nicht »einfach so« eingetreten ist, sondern um ihm die Nachricht zu überbringen, dass er seit Kurzem oder Längerem nicht mehr auf sich hört und sich nicht mehr respektiert. Folgenden Vorwurf habe ich oft zu hören bekommen: »Das macht einem Kranken ja nur ein schlechtes Gewissen. Er leidet nicht nur, sondern Sie werfen es ihm auch noch vor und schieben ihm auch noch die Verantwortung für sein Leiden in die Schuhe. Wäre es nicht besser, ihm ein bisschen Mitgefühl entgegenzubringen?« Es stimmt, dass es nicht leicht ist, so etwas zu sagen, und es ist genauso schwer, es zu hören. In beiden Fällen braucht es Mut, aber die Wahrheit zu sagen und zu ertragen ist oft

schwer. Der Betroffene wird mir aufgrund seiner Denke diese »Schuldzuweisungen« vorwerfen. Dieser Begriff kommt einem Werturteil gleich. Man urteilt aber nicht, wenn man jemandem erklärt, dass er für seine Krankheit verantwortlich ist – ganz im Gegenteil: Es bedeutet, einem Menschen zu sagen, dass er nicht nur ein Spielzeug und ein Opfer von Dingen ist, die ihn übersteigen, sondern dass er existiert und eine gewisse Kontrolle über sein Leiden hat. Und was das Mitgefühl betrifft, erlauben Sie mir ein Lächeln. Es ist in der Tat sehr viel mitfühlender, einem Menschen zu sagen, dass er dafür verantwortlich ist, was ihm im Leben zustößt, als ihn – herablassend oder nicht – in der Vorstellung zu bestärken, dass er keinerlei Verantwortung hat und dass es aus diesem Grund allein dem tugendhaften Gott in Weiß zukommt, ihn zu behandeln! Und schließlich bedeutet dieser Umgang mit einem leidenden Mensch auch, ihm zu verdeutlichen, dass er für seine Heilung verantwortlich ist – und das ist schließlich das Entscheidende. Diese Schlussfolgerung ist von größter Wichtigkeit und muss mindestens genauso hervorgehoben werden wie der erste Teil dieser Ausführungen. Besser kann man einem Menschen in meinen Augen nicht mitteilen, dass man ihn respektiert, als damit, dass er für sein Unwohlsein genauso verantwortlich ist wie für sein Wohlergehen. Es läuft darauf hinaus, ihm zu sagen: »Du existierst. Du hast die Möglichkeit, die Macht und das Recht zu leiden, krank zu werden oder dir wehzutun, genau wie du die Möglichkeit, die Macht und das Recht hast, nicht zu leiden, zu genesen, dich wohlzufühlen und dir Gutes zu tun.« Man sagt ihm damit auch, dass er sich selbst gegenüber allmächtig ist und dass niemand anderes an seiner Stelle genesen oder ihn

heilen kann. Man hilft einem Menschen dabei, die Fähigkeit wiederzufinden, ganz im Hier und Jetzt zu leben und seine Unabhängigkeit wiederzuerlangen. Die Krankheit entspricht einem Verlust der Unabhängigkeit, einem Verzicht auf das Leben und der Unterwerfung unter die Denke. Derjenige, von dem Hilfe erwartet wird, muss dafür eine große Demut an den Tag legen und großes Vertrauen in die Fähigkeiten des Betroffenen haben, sich in Richtung Heilung und Wohlergehen zu entwickeln.

Bei diesem Ansatz überlässt der Mensch sich *keinerlei Medikamenten,* welche auch immer das sein mögen. Medikamente können sehr gezielt und für einen kurzen Zeitraum angewendet werden, um bestimmte Leiden zu mindern, aber sie sind auf keinen Fall Selbstzweck. Antidepressiva und andere Psychopharmaka werden möglichst vermieden, denn sie maskieren oder reduzieren die Wahrnehmung der Emotionen und die persönliche Beziehung zu ihnen. Aber sie müssen empfunden und ausgedrückt werden, damit es dem Betroffenen besser geht. Der alternative Weg unterstützt das Ausleben der Emotionen, die durch die Denke blockiert werden. Jede Medikamentengabe oder therapeutische Annäherung, die in die Gegenrichtung zielt, kommt für eine langfristige Anwendung nicht infrage.

Der alternative medizinische Ansatz erlaubt es einem leidenden Menschen, für sich selbst zu kämpfen und nicht gegen die Krankheit oder gegen die Symptome. Ich weise immer wieder darauf hin, dass die Friedhöfe voller Verstorbener sind, die gegen etwas angekämpft haben. Das ist eine unumschränkte Wahrheit. Gegen etwas zu kämp-

fen ist nicht positiv und sollte kein Selbstzweck sein. Für sich selbst zu kämpfen ist die einzige Sache, die wirklich wichtig ist. Ist es nicht das eigentliche Ziel, glücklich und gut zu leben? Die Absicht, die dem zugrunde liegt, was man tut, ist sehr wichtig: Im Fall eines »Kampfes gegen etwas« ist es unsere Absicht, in einem Kampf zu siegen, den wir gegen Viren, Bakterien oder entartete Zellen führen. Um an unser Ziel zu gelangen, nutzen wir verschiedene Mittel, welche die Zerstörung des »Feindes« anvisieren, mit allen Nebenwirkungen. Wir stellen uns dabei keinerlei Fragen zu uns selbst und unserer Krankheit. So kommt es zu gravierenden Widersprüchen: Die Medizin setzt bestimmte und sehr starke Medikamente ein, obwohl diese für den Patienten lebensgefährlich sein können. Wenn man dagegen beabsichtigt, für sich oder für den Patienten zu kämpfen, dann wird der Mensch privilegiert und nicht die Behandlung. Man will dem Leidenden helfen, seine Würde und seine Unabhängigkeit als ganzheitlicher Mensch wiederzuerlangen. Und was gibt es Schöneres als dieses Vorhaben?

Die OGE-Methode

Aber wie setzt man dieses Vorhaben in die Praxis um? Indem man einer Methode folgt, die bereits in meinen Büchern[20] beschrieben wurde und deren Effektivität sich vor allem in den mehr als zehn Jahren ihres Bestehens in Seminaren bewährt hat. Bei dieser Methode handelt es sich um die OGE-Methode. Der Name ist, wie der Leser sicher schon erraten hat, aus der Umkehr des Wortes EGO entstanden. Es geht also darum, von der Umkehr der Denke zu reden. Dieser Ansatz ist ein sehr probates und nützliches Mittel (und kein Selbstzweck!), das es je nach Fall erlaubt, seine Gesundheit zu bewahren oder auf den Weg der Genesung zu gelangen. Die Methode beruht auf drei wesentlichen Säulen:

1. Seine Denke zum Schweigen bringen
2. Seine Emotionen erkennen, spüren und ausleben
3. Sein angeborenes Wissen wiederfinden

Emilie wird die ersten zwei Säulen brauchen, wenn sich ihr Befinden bessern soll. Betrachten wir die Säulen der Reihe nach, um zu verstehen, wie die OGE-Methode funktioniert.

Seine Denke zum Schweigen bringen bedeutet nicht, sie zu beherrschen

Die Technik ist einfach, und ihre Anwendung ist kein Hexenwerk. Ziel ist es, sich im Heute, im Hier und Jetzt, wiederzufinden, wozu man logischerweise Vergangenheit und Zukunft verlassen muss. Das Mittel dazu besteht darin, seine Aufmerksamkeit auf den physischen und den sinnlichen Teil des Körpers zu richten. Andere Verben und Ausdrücke können ebenfalls verwendet werden: »Sich wiederfinden«, »Kontakt zu sich selbst aufnehmen«, »sich auf sich selbst besinnen« sind alle synonym verwendbar. Der *physische Körper* besteht aus allen Körpergliedern – vom Scheitel bis zur Sohle. Der *sinnliche Körper* umfasst unsere fünf Sinne: Tast-

sinn, Gehörsinn, Geruchssinn, Sehsinn und Geschmackssinn. Jeder Ansatz, der es einem Menschen ermöglicht, mit dem physischen und dem sinnlichen Teil seines Körpers in Kontakt zu treten, ist geeignet[21].

Seine Denke zum Schweigen zu bringen ist ein fantastisches Mittel, über das wir verfügen, um unsere Ängste, unseren Mangel an Selbstvertrauen, unsere Befürchtungen und unsere Panik loszuwerden. Dieses Vorgehen erlaubt uns auch, uns von unserer Reue und unseren Schuldgefühlen freizumachen. Alle körperlichen und seelischen Anspannungen, die von der Denke generiert werden und uns aus dem Heute reißen, um uns in die Zukunft oder die Vergangenheit zu katapultieren, können so beseitigt werden. Natürlich wird die Denke sich weiterhin bemerkbar machen, aber je intensiver man diesen Ansatz praktiziert, desto schneller erkennen wir, wenn sie wieder am Werk ist, und desto schneller können wir dem ein Ende setzen. Das erlaubt uns schrittweise, unsere Denke daran zu hindern, uns zu befehlen, und zu unserem Innersten zurückzukehren. Das ist kein Kampf gegen unsere Denke. Es geht nicht darum, sie als Feind zu betrachten, sondern einfach darum, uns das Recht zuzugestehen, voll und ganz zu existieren, frei von der Kakofonie, die meist in unseren Köpfen herrscht, frei von der Ignoranz und den Illusionen, in denen unsere Denke uns gefangen hält. Es braucht keinen Kampf gegen die Denke, sondern nur die Anwendung einfacher Techniken, die es uns erlauben, körperlich und seelisch zu entspannen sowie Ruhe und eine gewisse Abgeklärtheit wiederzufinden. Denn darin besteht das unermessliche Geschenk, das diese Technik all jenen bringt, die sie in die Praxis umsetzen. Seine Denke kann man an jedem Ort und unter allen Umständen zum Schweigen bringen, wenn man in Betracht zieht, dass es dazu keiner spe-

ziellen Ausrüstung bedarf, sondern nur des festen Willens, sich Gutes zu tun. Und dieser Wille hat seinen Ursprung im Gehirn, nicht in der Denke.

Seine Denke zum Schweigen zu bringen, hat noch einen weiteren großen Vorteil: Es gestattet uns, wieder Kontakt mit uns selbst aufzunehmen – also mit unseren Emotionen, unserem angeborenen Wissen und unserem wesentlichen Kern. Nur unter dieser Bedingung können wir voll und ganz in Kontakt zu uns selbst treten. Nur wenn wir die Denke zum Schweigen bringen, können wir zu unseren Emotionen und unserem inneren Wesen vordringen. Sonst bleiben wir mehr oder weniger Gefangene unserer Denke, also unseres Egos.

Warum sich an das Heute halten, um eine Emotion wie die Wut oder die Trauer über ein vergangenes Erlebnis wiederzufinden? Das mag in der Tat unnütz erscheinen. Aber wenn dieses Erlebnis auch der nahen oder fernen Vergangenheit angehört, so ist die Emotion, die damals nicht ausgelebt wurde, in Wahrheit in uns doch noch sehr lebendig und vollständig. Und sie ist es im Heute, denn der einzige Moment, in dem wir leben, ist nun einmal das Hier und Jetzt. Also müssen auch wir uns im Heute aufhalten, um sie zu erkennen, zu spüren und auszuleben. Und dazu gehört eben, dass man seine Denke ausschaltet.

Seine Denke zum Schweigen zu bringen unterscheidet sich von allen Techniken, die zum Ziel haben, die Denke zu beherrschen oder zu lenken. Diese folgen einer ganz bestimmten Vorgabe: Sie wollen erreichen, dass jemand seine Denke kontrolliert, statt von ihr kontrolliert zu werden. Die Ansätze, die mit Techniken zur Beherrschung der Denke arbeiten, bleiben so auch von ihr abhängig. Sie wird zwar von diesen Techniken gezähmt, bleibt aber nach wie vor aktiv. Die Folgen sind bedeutsam: Wenn die Denke immer noch

aktiv ist, wird es sehr schwierig, um nicht zu sagen unmöglich, mit seinen Emotionen und seinem angeborenen Wissen in Kontakt zu treten. Es ist tatsächlich so, dass wir uns beidem nicht annähern können, wenn unsere Denke aktiv ist – egal, ob in gezähmter oder wild sprudelnder Form. Das ist auch der große Vorwurf, den ich gegen die Gesamtheit dieser Methoden erhebe, obwohl sie weitverbreitet sind und viele Menschen anziehen. Wenn man diese Art von Techniken zu sehr praktiziert, kann das einen Menschen dazu verleiten, sich Illusionen über sich selbst zu machen. Die starke Beherrschung unserer Denke kann uns in der Tat zu dem Schluss führen, wir hätten gar keine Emotionen, vor allem keine »negativen« Emotionen wie etwa die Wut. Wir können uns auch Illusionen machen, indem wir unsere Existenz mithilfe dieser Techniken programmieren und kontrollieren. Sie machen aus uns Halbgötter, und unser übersteigertes Ego lässt uns daraufhin glauben (und den Anderen zeigen!), wir würden unser Leben beherrschen. Aber dieses Leben ist dann oft emotionslos, unkreativ und ähnelt dem eines Roboters, was, wie mir scheinen will, nicht wirklich wünschenswert ist. Ich habe nämlich leider im Laufe meiner Berufsjahre eine bestimmte Zahl von Personen erlebt, die dieses Vorgehen zahlreiche Jahre ihres Lebens intensiv praktiziert haben und die unter ernsten körperlichen Beschwerden litten, welche oft sehr plötzlich aufgetreten sind. Denn auch wenn die Kontrolle der Denke das Auftreten bestimmter Beschwerden verzögern oder hemmen kann, kann sie doch nicht die tiefer liegenden Ursachen der Krankheit oder des Unwohlseins beseitigen. Um noch einmal auf das Bild des Klempners zurückzukommen: Der Wasserrohrbruch wird nicht beseitigt, nur weil jemand geschickt mit Eimer und Putzlappen umgehen kann. Das Gegenteil zu behaupten hieße, die Menschen in die Irre zu führen. Man würde so zulassen, dass sie in sich all jene Zutaten anhäufen, die früher oder später eine Katastrophe auslösen würden.

Indem es ihm gelingt, seine Denke auszuschalten, entkommt der Verlassene allmählich der Angst und den Schuldgefühlen, die ja seine treuen Gefährten sind, wie wir gesehen haben. All die »um sich selbst kreisenden Gedanken«, die von der Denke heraufbeschworen werden, verschwinden, sobald er seinen Platz im Heute einnimmt. Die Angst, »morgen verlassen zu werden, denn ich wurde es auch gestern«, oder das Schuldgefühl bei der Vorstellung, »nicht den Anforderungen entsprochen zu haben«, weichen der Erkenntnis über die Wirklichkeit: »Jetzt bin ich mit dem Anderen zusammen, und er ist an meiner Seite.« Das fehlende Selbstvertrauen kommt zurück, sobald der Verlassene bereit ist, zu seinem physischen und sinnlichen Körper Kontakt aufzunehmen. Natürlich gilt das nur, solange die Denke nicht einschreitet.

Aber auch wenn es sich zuerst einmal nur um einen flüchtigen Blick auf diese andere Realität handelt, so ist das doch ein Lichtstrahl in der Dunkelheit. Der Verlassene braucht danach Ausdauer und Beharrlichkeit, um dahin zu gelangen, dass diese kurzen Augenblicke länger und beständiger werden. So wird er nach und nach einsehen, dass seine Ängste, seine Schuldgefühle, sein mangelndes Selbstvertrauen und die zahlreichen, abwertenden Urteile, die er über sich selbst gefällt hat, lediglich dem Eingreifen seiner Denke geschuldet sind. Der Verlassene wird erkennen, dass seine Denke ihm während der Kindheit und Jugend zwar das Leben gerettet hat, nun aber überflüssig, um nicht zu sagen schädlich geworden ist, denn sie hindert ihn daran, sein Leben zu leben und es voll auszukosten. Er könnte ihr höchstens für die wichtige Hilfe danken, die sie ihm in der Vergangenheit geleistet hat,

aber von nun an wird er im Leben ohne sie auskommen. Der Verlassene wird auch den entscheidenden Unterschied zwischen Einsamkeit und Isolierung erkennen: Die Isolierung ist gleichbedeutend mit der Abwesenheit des Anderen, die man als Mangel erlebt und unter der man leidet; die Einsamkeit ist ein Zustand, in dem man ganz bei sich ist und sich wohlfühlt, und das kann nur im Heute sein.

Allmählich wird sich der Verlassene der Qualitäten bewusst, die aus ihm einen einzigartigen Menschen machen, der einen Wert hat. Es überrascht mich immer wieder zu sehen, wie schwer Menschen und vor allem die Verlassenen sich tun, ihre Stärken und Qualitäten zu beschreiben. Fragt man sie nach ihren Fehlern, erhält man sofort und ohne Zögern eine lange Liste. Wenn es darum geht, die Qualitäten aufzuzählen, herrscht erst einmal ein großes Schweigen, häufig gefolgt von einer Frage wie: »Sollten Sie diese Frage nicht lieber denen stellen, die mich gut kennen und die mir nahestehen?« Die im Anschluss gegebenen Antworten beziehen sich häufig auf berufliche Erfolge oder sportliche Leistungen. Kurz: Hinter all diesen Ausweichmanövern, seien sie nun freiwillig oder nicht, verbergen sich die großen Schwierigkeiten, die ein Verlassener hat, sobald es um seine Stärken und Qualitäten geht.

Indem er sich mehr auf den Augenblick konzentriert, gelingt es dem Verlassenen, besser in Kontakt mit sich selbst zu treten. Ist die Betriebsamkeit seiner Denke erst einmal gestoppt, kann er sich des Menschen bewusst werden, der er ist, und er macht sich klar, dass er häufig eher dem *Tun* als dem *Sein* zugeneigt ist. Diese Einsicht ist wichtig, denn so wird er entdecken, was ihn zu einem attraktiven und einzigartigen Wesen macht. Bei dieser Gelegenheit wird er auch wieder Kontakt zu seiner Kreativität, seiner Intuition und seinem angeborenen Wissen aufnehmen und entdecken, dass in seinem Innern vergessene und ungenutzte Reichtümer schlummern, die nur darauf warten, ans Tageslicht geholt zu werden. Natürlich meldet sich seine Denke regelmäßig, bohrt nach und lässt den Verlassenen denken: »Das alles ist ja ganz schön, ABER ...« Also muss man seine Denke erneut zum Schweigen bringen, muss das Wort »aber« vermeiden, das einem Hemmschuh gleichkommt, Untätigkeit und Nichtliebe bedeutet. Nur wenn er diesen Weg ausdauernd beschreitet, kann der Verlassene seine Selbstachtung wiedererlangen, mehr Selbstvertrauen gewinnen und sich erlauben, mehr auf seine wahren Bedürfnisse zu hören, die er so lange ignoriert und geleugnet hat. Indem er sich diese kleinen »Liebesbeweise« gewährt, wird der Verlassene erkennen, dass er um seiner selbst willen existiert, dass er einen Wert hat und nicht auf die Zustimmung der Anderen als Daseinsberechtigung angewiesen ist.

Aber indem der Verlassene im Heute lebt und seine Denke ausschaltet, sieht er sich auch seinen Emotionen gegenüber. Er muss also unbedingt die zweite Etappe angehen, um seine Genesung voranzutreiben: Er muss seine Emotionen erkennen, spüren und ausleben.

Emotionen erkennen, spüren und ausleben

Wie wir gerade gesehen haben, ist die erste Etappe entscheidend. Wenn man seine Denke nicht zum Schweigen bringt, ist es illusorisch und unmöglich, zu seinen Emotionen durchzudringen. Eine Emotion kann nicht erkannt, empfunden und ausgelebt werden, solange die Denke aktiv ist, denn

Letztere ist ja dazu da, uns von dem abzuschneiden, was wir empfinden. Vergessen wir auch nicht, dass der Verlassene größte Schwierigkeiten damit hat, sich das Empfinden seiner Wut zuzugestehen, die durch das Verlassenwerden ausgelöst wurde. Folglich ist es sehr wichtig, dass er seinen physischen und sinnlichen Körper wiederentdeckt, um sich zu erlauben, im emotionalen Bereich Fortschritte zu machen.

Die Emotionen zu erkennen, die durch das Verlassenwerden ausgelöst wurden, kann aus zahlreichen Gründen sehr schwer sein. All diese Gründe hängen mit der Denke zusammen, wie wir sehen werden. Ursache für einen an Verlassenheit leidenden Menschen ist immer ein Erlebnis, bei dem er sich im Stich gelassen fühlt. Seine Wirklichkeit ist also davon bestimmt, von einer oder mehreren Personen verlassen worden zu sein, und das in einem so frühen Alter, dass es für ihn unmöglich war, allein zu überleben. Denn er befand sich gegenüber den Menschen, die ihn zurückgewiesen haben, in totaler Abhängigkeit. Außerdem ist das Verlassenwerden erstens ein Akt, der eine gewisse Zeit dauert – von einigen Stunden bis zu einigen Jahren, und zweitens ein Akt roher Gewalt, der ihm von Nahestehenden angetan wird. Das Opfer muss also eine Wahl treffen: entweder sterben (und wir haben gesehen, dass ein Teil der Opfer sich dafür entscheidet) oder leben – aber das geht nur, wenn man sich gegen die erlebte Aggression schützt.

Diese Aggression ist so stark, dass der Fötus oder das Kind sich einen absolut sicheren Schutzschild zulegen muss. Und dieser Schutzschild ist seine Denke. Denn seine Denke erlaubt es dem verlassenen Kind, auf Abstand zu dem zu gehen, was es gegenüber seinem oder seinen Peinigern empfindet, also vorrangig zu seiner Wut, aber auch zu seiner Trauer. Und diese Denke ermöglicht es dem Angegriffenen auch,

sich zu schützen, indem er aus dem Heute flüchtet, denn das gibt ihm Gelegenheit, sich mittels seiner Träume und seiner Illusionen ein künstliches Dasein voller schöner Dinge zu erschaffen. Diese bieten ihm auch die Möglichkeit zu leugnen, dass er zum Opfer wurde, und sich eine richtige Strategie zurechtzulegen, mit der er seine grundlegendsten Rechte verdrängt. Dazu gehört vor allem das Recht, respektiert und geliebt zu werden. Die Denke ist das perfekte Werkzeug, um diese Ziele zu erreichen, und so wird er es jahrelang machen. Sie ist also tief verwurzelt im Leben der Menschen, die an Verlassenheit leiden, genau wie in ihren Taten, Erlebnissen und Gesten. Sie ist auch der Ursprung vieler Handlungsweisen, die eine Art »konditionierter Reflex« geworden sind. So verlässt der Verlassene lieber den Anderen, bevor er selbst verlassen wird, oder er lässt sich aus Angst zu leiden nicht ganz auf eine Beziehung ein, wie wir es in den vorangegangenen Kapiteln gesehen haben. Ein an Verlassenheit Leidender ist wunderbar dafür gerüstet, nicht zu erkennen, dass er Emotionen hat, und sich nicht zuzugestehen, über diese Emotionen zu verfügen. Aber zu dieser Erkenntnis muss er gelangen, und zwar in drei Etappen:

1. Anerkennen, dass man verlassen wurde
2. Die damit verbundenen Emotionen erkennen
3. Sich zugestehen, diese Emotionen zu haben, sie zu spüren und auszuleben

Wenn der Betroffene diese drei Etappen nicht durchläuft, wird er weiterhin die Tatsache verneinen, dass er Opfer eines äußerst gewalttätigen Akts geworden ist, und auch weiterhin die Folgen ertragen müssen, die damit einhergehen. Außerdem wird es ihm unmöglich sein, seine Emotionen zu spü-

ren. Doch dieser Schritt ist obligatorisch, damit er sie auch ausleben kann. Erinnern wir uns an die eiserne Regel: Es ist höchst kontraproduktiv, einem Menschen, der an Verlassenheit leidet, beweisen zu wollen, dass er verlassen wurde. Nur er selbst kann diesen Schluss ziehen, und es steht niemandem zu, ihn an seiner Stelle zu ziehen, weder den Therapeuten noch anderen Personen.

Das Verlassenwerden anerkennen

Wir haben bereits gesehen, dass der Verlassene ein Meister der Ausweichmanöver ist, wenn er auf den Grund seiner Leiden zu sprechen kommt. Außerdem hat er es oft geschafft, dieses ursprüngliche Erlebnis zu »vergessen«. Dieses ist natürlich noch vollständig in seinem Unterbewusstsein präsent, aber bewusst erinnert er sich nicht mehr. Häufig ist ein Betroffener erst durch ein Gespräch oder eine Lektüre bereit, sich die Frage zu stellen, ob er tatsächlich Opfer einer »solchen Sache« werden konnte. Worte sind von Bedeutung, und das Wort »Verlassenwerden« ist für einen Verlassenen meist nicht hinnehmbar. Es ist einfach zu stark und zu »besetzt«, um sofort akzeptiert zu werden. Meist drängt eine durchlebte Erfahrung an die Oberfläche des Bewusstseins: »Erst nach der Trennung von meiner Frau habe ich angefangen, mich schlecht zu fühlen«, sagte mir Jacques. Aber diese Erfahrung steht für den, der sie gemacht hat, nicht in Zusammenhang mit dem Verlassenwerden. Sie ist die logische Folge dessen, was ein Verlassener, der seinen Zustand nicht erkennt, durchlebt oder eben nicht durchlebt hat. Jacques hat mir erzählt, dass er die Reaktion seiner Frau verstand: Er arbeitete zu viel, es war also nur »normal, dass sie sich woanders nach dem umsah, was er ihr nicht gab, denn sie fühlte sich vernachlässigt«. Zugegeben, Jacques fällt die Trennung nicht leicht, aber er fühlt sich weder verlassen noch ist er wütend. Er ist »traurig, unendlich traurig über das, was passiert ist«, und er gibt sich die Schuld daran. Nicht einen Moment lang erkennt er, was sich hinter dieser Trauer verbirgt. Er reagiert auch nicht auf den Begriff »Verlassenwerden«, den ich nebenbei einfließen lasse, er lehnt ihn sogar ab, genau wie die Vorstellung, er könne wütend sein. Ich weiß aus Erfahrung, dass es höchst kontraproduktiv ist, auf dem Begriff des Verlassenwerdens zu beharren. Jacques geht es nicht gut, er leidet an Schlafstörungen, ist erschöpft und gestresst. Er ist traurig und weint sogar, aber was für eine Ursache steckt hinter seinem Leiden? »Die Tatsache, dass es mir schwerfällt zu akzeptieren, was vorgefallen ist, und dass ich von einem auf den anderen Tag allein war.«

> »Die Trennung von Ihrer Frau und die Tatsache, dass Sie plötzlich alleine sind, sind also die Ursachen Ihres Unwohlseins? Wie nennen Sie das?«
> »Ich weiß nicht, und ich pfeif auch drauf. Hauptsache, das Leiden hat ein Ende!«

Es steht Jacques natürlich gänzlich frei, darauf zu pfeifen, ob er einen Ausdruck dafür finden kann, woran er leidet. Aber solange er die Dinge nicht beim Namen nennt, erlaubt ihm das, die Realität zu fliehen: Er ist von seiner Frau verlassen worden. Wir finden hier das gleiche Schema wie bei Gewaltopfern wieder, die kleinreden, was ihnen angetan wurde, und sogar fähig sind, die Tatsache ganz zu verneinen, dass sie Opfer von Gewalt wurden. Jacques ist nicht verlassen wor-

den, seine Frau hat sich von ihm getrennt, und dafür gibt es mindestens einen guten Grund – er arbeitet zu viel. Außerdem kann er »ihre Reaktion verstehen«: Sie ist gegangen und kommt nicht wieder, und er bleibt allein zurück, aber das ist alles andere als ein Verlassenwerden.

Eine weitere Fluchtmöglichkeit besteht im Verurteilen: Jacques könnte mithilfe seiner Denke den Weggang seiner Frau als »inakzeptabel«, »mies« und »ungerecht« einstufen und sich dabei nach wie vor nicht bewusst sein, dass es sich ganz klar um einen Akt des Verlassens handelt.

Dank eines Frage-und-Antwort-Spiels, zu dem er sich bereiterklärt hat, begreift Jacques allmählich, dass sein Unwohlsein einerseits nicht neu ist (er bemerkt es nur jetzt erst) und andererseits nichts mit der eigentlichen Trennung zu tun hat, sondern vielmehr mit der Tatsache, dass er sich von seiner Frau zurückgewiesen fühlte, als sie ihn verlassen hat. Als er weiter darüber nachdenkt, sieht er nur zu bald, dass diese Trennung nur die letzte Episode in einer langen Reihe anderer ist, die sein Leben geprägt haben. Man könnte meinen, dass es für Jacques umso klarer und offensichtlicher wird, dass er an Verlassenheit leidet, je mehr er sich dieser Tatsache bewusst wird. Aber nichts da! Diese Idee kommt ihm nicht einmal flüchtig. Als ich das sehe, und weil ich weiß, dass Jacques sich ohne eine solche Bewusstmachung nicht besser fühlen und in seinem Gefühlsleben keine Fortschritte machen kann, stelle ich ihm folgende Frage: »In welchem Punkt haben alle Frauen, mit denen Sie eine Beziehung hatten, die dann auseinandergegangen ist, gleich gehandelt?« Es brauchte diesen Wink mit dem Zaunpfahl, damit Jacques bereit ist anzuerkennen, dass all diese Menschen ihn schlicht und ergreifend *verlassen* haben. Dabei ist es ganz egal, ob das Wort »Verlassen« auch wirklich fällt. Doch der

Betroffene muss erkennen, dass ein Ereignis stattgefunden hat, im Laufe desselben jemand ihn »verlassen«, »fallengelassen«, »zurückgewiesen« oder »im Stich gelassen« hat. Ja, dazu ist es gekommen, und diese Tat ist ihm aufgezwungen worden. Diese Tat hat einen Namen und dieser ist sehr reell. So wichtig es ist, dass ein Opfer bereit ist zuzugeben, dass es von seinem Partner geschlagen wurde, so wichtig ist es, dass ein Verlassener erkennt, dass er sehr wohl vom Anderen *verlassen wurde.*

Wir sind noch nicht in dem Stadium angekommen, in dem es um die Entdeckung des ursprünglichen Verlassenwerdens geht – das hieße, den Eisberg erkennen, den das aktuelle Erlebnis verbirgt. Wir befinden uns an dem Punkt der Initialzündung, nach der man Schritt für Schritt und über einen kürzeren oder längeren Zeitraum die Entdeckung des ersten Erlebnisses dieser Art angeht. Diese Politik der kleinen Schritte soll es dem Verlassenen ermöglichen, bei der endgültigen Genesung von seiner Verlassenheit gute Fortschritte zu machen. Wir sind erst auf der intellektuellen Ebene des Erkennens, auf der wir mit dem Gehirn erfassen, dass man sehr wohl einmal verlassen wurde, auch wenn diese Worte dabei gar nicht fallen.

Die vom Verlassenwerden ausgelösten Emotionen anerkennen

Aufgrund unserer Denke kann der Begriff »Verlassenwerden« oder jedes Synonym dafür eine leere Worthülse bleiben und mit keinerlei Emotion in Verbindung gebracht werden.

Ich bin immer wieder ob unserer Fähigkeit erstaunt, Worte auszusprechen, ohne die Emotion zu spüren, die sich dahinter verbirgt. Auch der Verlassene bildet da keine Ausnahme von der Regel. Nachdem er im Kopf akzeptiert hat, dass er von einem Anderen verlassen oder im Stich gelassen wurde, hat er den Eindruck (oder tut zumindest so!), seine Behandlung sei hier zu Ende. Natürlich ist dem nicht so, denn die gedankliche Anerkennung bedeutet noch lange nicht, dass es dem Betroffenen auch besser geht. Eine Verletzung, die von einer Stichwaffe stammt, als »offene Wunde« zu bezeichnen, sagt dem Verletzten ja auch nur, dass er eine Wunde hat. Auf keinen Fall sagt diese Feststellung etwas über die Schäden aus, die sich hinter dieser Wunde verbergen, und noch weniger darüber, dass diese Wunde behandelt wird. Der Verlassene muss sich also die Frage stellen, *welche Emotionen er dabei verspürt.*

Was mag man empfinden, wenn man verlassen wurde oder sich verlassen fühlt? Die Worte »empfinden« und »fühlen« werden von den Betroffenen häufig als Aufforderung verstanden zu sagen, was sie darüber *denken,* dass sie verlassen wurden. Sie werden entsprechend in einen langen Monolog darüber verfallen, was sie über diese Tat denken – oder auch nicht denken. Wird sich ein Betroffener aber bewusst, dass es bei der Frage nicht darum ging, was er denkt, sondern was er *empfindet,* herrscht oft erst einmal Schweigen. Wie die meisten von uns ist auch er nicht daran gewöhnt, sich mit seinen Emotionen zu befassen, weil er dank seiner tollen Denke so mit dem Grübeln beschäftigt ist.

Nach diesem Moment des Schweigens kommt manchmal eine Antwort der Art: »Ich fühle mich niedergeschlagen und müde« oder »Ich bin erschöpft und wie ausgebrannt« oder auch: »Ich fühle mich demotiviert.« Es kommt auch vor, dass der Betroffene beschreibt, unter welchen körperlichen Beschwerden er leidet. Man muss seine Aufmerksamkeit also auf die Tatsache lenken, dass er gerade einfach eine ganze Reihe von Symptomen aufgezählt hat. Dabei handelt es sich um Signale seines Körpers, der ihm die Anspannung begreiflich machen will, unter der er steht, weil er sich nicht erlaubt, bestimmte Emotionen zu empfinden und auszuleben. Deshalb drängt sich zwangsweise die Frage auf: »Was empfinden Sie?« Zwei Antworten sind denkbar, denn es gibt ja nicht endlos viele Arten von Emotionen: Trauer oder Wut. Wenn man sich rein intellektuell damit auseinandersetzt (denn wir sind immer noch auf diesem Niveau!), dann verweigert der Verlassene sich reflexhaft das Recht, traurig zu sein: »Ich bin es nicht gewohnt, mich selbst zu bemitleiden«, sagt er. Und er erlaubt es sich genauso wenig, wütend zu sein. »Ich bin doch kein Choleriker.« Wenn er bereit ist, seinen Gedanken weiter zu folgen, wird ihm die Traurigkeit häufig als akzeptabler – da akzeptierter! – erscheinen als die Wut. Aber natürlich wird er seine Traurigkeit kleinreden. Er wird zum Beispiel behaupten, er sei traurig, »aber nicht so sehr«, oder auch, seine Traurigkeit sei nicht groß genug, um zu weinen. Alle Ausreden sind gut genug, damit er nicht wirklich und ehrlich akzeptieren muss, dass der Akt des Verlassenwerdens, den er ertragen hat, unvermeidlich traurig macht.

Es muss wohl nicht mehr betont werden, dass beim Stichwort Wut eiligst die Denke auf den Plan tritt. Sie wird alles tun, um diese Emotion zu leugnen, die aber bei jedem Verlassenwerden im Mittelpunkt steht. Allein das Wort »Wut« wird vehement zurückgewiesen. In der Tat erscheint es vielen Menschen als »zu stark«. Die Wut löst oft negative Assoziationen aus, und allzu häufig wird sie auch mit verbaler und körperlicher Gewalt in Verbindung gebracht, deren Op-

fer zahlreiche Kinder und Erwachsene werden. In Wahrheit wird aber die Wut dabei mit dem Zorn verwechselt. Doch ist es ganz wesentlich, zwischen der Wut als Emotion und dem Zorn zu unterscheiden – denn Letzterer ist natürlich eine Ausgeburt unserer Denke. Die verschiedenen Arten der Wut aber sind für das Leben des Einzelnen unabdingbar, genau wie die Freude und die Trauer. Das soeben geborene Kind kennt weder Ängste noch Schuldgefühle, es zeigt keinerlei Zorn und es hat auch keine nervösen Depressionen – ganz einfach deshalb, weil seine Denke noch nicht existiert.

Erst wenn sich nach und nach beim Kind die Denke ausbildet, tauchen auch Zorn und Trotzanfälle in seinem Leben auf. Ja, unter dem Druck der Erziehung und der Regeln, die ihm untersagen, wütend zu werden (und diese Regeln dienen unserer Denke), wird das Kind lernen, seine Wut zu unterdrücken – bis zu dem Moment, in dem es nicht mehr kann, explodiert und einen zornigen Anfall bekommt. Und der ist dann sehr heftig und sehr destruktiv. Und gleich danach hat das Kind Schuldgefühle und entschuldigt sich. Es versucht, sich zu beherrschen, und unterdrückt noch stärker, was es empfindet, bis zum nächsten Mal …

Wir befinden uns hier in einem Teufelskreis, der von Anfang bis Ende von unserer Denke gelenkt wird. Das Gleiche gilt natürlich für ein Elternteil, das seiner Umgebung solche zornigen Anfälle zumutet und seine Kinder so fürs Leben prägt. Dieser Zorn hat *absolut nichts* zu tun mit der Wut, die – wie wir sehen werden – weder der psychischen noch der physischen Integrität eines Menschen schadet, wenn man sie auslebt. Man lebt sie allein aus, mit dem einzigen Ziel, sich selbst etwas Gutes zu tun.

Es ist oft hilfreich, dem Verlassenen all das zu erklären, damit er versteht, dass die Wut bar jeder Gewalt ist und dass es normal und sogar nötig ist, als Mensch diese Emotion zu empfinden. Nichtsdestotrotz bevorzugen die meisten Menschen andere Begriffe, die weniger »besetzt« sind, wie »Gereiztheit«, »Verdruss«, »Genervtsein«, »Verbitterung« oder »Groll«. Es kommt nicht so sehr auf die Wortwahl an, Hauptsache, der Betroffene erkennt an, dass es sich dabei um eine Emotion aus dem Bereich der Wut handelt – der Wut angesichts dessen, was er erleben musste. Zuzugeben, dass man Trauer oder Wut empfindet, weil man zurückgewiesen oder verlassen wurde, ist eine wichtige Etappe auf dem Weg der Genesung. Das bedeutet aber noch nicht, dass der Verlassene sich das Recht zugesteht, diese Emotionen auch zu empfinden.

Das Recht, Emotionen zu haben, zu empfinden und auszuleben

Wir haben gesehen, dass es dem Verlassenen schwerfällt, sich zuzugestehen, Trauer zu empfinden, und dass er dazu neigt, sie kleinzureden, indem er behauptet, sie sei unwichtig und nicht groß genug, um zu weinen. Noch schwerer fällt es dem Verlassenen, die Wut anzuerkennen, die er gegenüber einem so nahestehenden und wichtigen Menschen wie der Mutter oder dem Vater empfindet, oder auch gegenüber denen, die an die Stelle der Eltern getreten waren. Es ist ja auch wirklich schwer vorstellbar, eine so große Wut gegenüber Menschen zu empfinden, die man eigentlich lieben und respektieren sollte. Wut zu empfinden wird gleichgesetzt mit dem egoistischen, undankbaren Verhalten von jemandem, der vergisst,

bei wem er die Füße unter den Tisch gestellt hat, wie der Volksmund sagt. Kurz: Dem Verlassenen ist jedes Argument willkommen, das seine Denke produziert, um sich das Recht zu verweigern, wütend zu sein. Eine Möglichkeit, dem Betroffenen dabei zu helfen, seine Wut anzunehmen, besteht darin, ihn daran zu erinnern, dass die Emotionen, die wir gegenüber nahestehenden Menschen empfinden – also unseren Eltern, Brüdern, Schwestern, unserer Frau oder unserem Mann und unseren Kindern, zwangsläufig stärker sind als das, was wir fremden Personen gegenüber empfinden. Folglich ist es nur »logisch«, dass auch unsere Freude, unsere Trauer und unsere Wut gegenüber Nahestehenden ausgeprägter sind als gegenüber anderen, die nicht so viel mit uns zu tun haben.

Es ist ganz entscheidend, dass der Verlassene sich zugesteht, wütend und traurig darüber zu sein, dass er verlassen wurde. Seine ganze Erziehung und seine Erfahrungen haben ihm dieses Recht bisher verweigert. Es ist unerlässlich, dass er sich dieses Recht *gibt* und es nicht von anderen erwartet, was er in einem ersten Reflex aber tut. Er neigt in der Tat dazu, mit dem Anderen darüber zu sprechen, damit dieser es dann gutheißt und ihn darin bestätigt, diese Emotion auch zu haben. Aber natürlich ist es offensichtlich, dass der Andere ihm dieses Recht entweder nicht zugesteht oder nur mit Einschränkungen, indem er es kleinredet und das auch vom Verlassenen verlangt: »Ich verstehe ja, dass du wütend bist, aber doch nicht so wütend!« Außerdem wird dieser Andere häufig genug mit überzeugenden Entschuldigungen aufwarten, die für ihn stichhaltig sind. Der Betroffene jedoch riskiert, dadurch wieder in seiner Weigerung bestärkt zu werden, die mit dem Erlebten verbundenen Emotionen zu empfinden.

In jedem Fall aber muss der Verlassene seine Denke zum Schweigen bringen, um sich selbst auszuleben und sich seine Wut und seine Trauer zuzugestehen. Mit dem, was da von ihm verlangt wird, erweist er sich selbst einen großen Liebesdienst, der ihm umso schwerer fällt, als er sich bis zu diesem Tag selbst nicht geliebt hat. Er wird also viel Geduld mit sich haben müssen, und es steht zu erwarten, dass seine Genesungsfortschritte manchmal holprig sind und sogar Rückschritte einschließen.

Die durch das Verlassenwerden ausgelösten Emotionen verspüren

Sich im Kopf bewusst zu machen, dass man früher einmal oder gerade erst verlassen wurde, ist ein wichtiger Schritt, aber auf keinen Fall ein Selbstzweck. Auch im »Bauch« muss dieses Bewusstsein ankommen. Sich das Recht zuzugestehen, Trauer und Wut zu empfinden, ist ein großartiger Schritt, aber nicht gleichbedeutend mit Heilung, bei Weitem nicht. Um eine Emotion auch zu verspüren, muss man unbedingt im Hier und Jetzt und in seinem physischen und sinnlichen Körper sein. Man kann nämlich gestern und morgen nichts spüren. Um das zu schaffen, muss man seine Denke ausschalten, und zwar wiederholt. Diese ist tatsächlich überaus zäh und kommt dem Verlassenen immer wieder mit guten Argumenten. Betrachten wir zwei ihrer Winkelzüge, die uns von unseren Emotionen abhalten sollen.

Unsere Denke wirft uns vor zu urteilen. Aber eine Emotion wie die Wut gegen jemanden zu empfinden bedeutet

keinesfalls, über diesen Jemand zu urteilen. *Empfinden heißt nicht urteilen!* Urteile stammen aus der Denke, während die Emotion nur empfunden werden kann, wenn die Denke nicht mehr interveniert. Nur wenn wir an unserer Denke festhalten, werten wir andere ab, verurteilen und missbilligen sie. Das ist der Weg der Intoleranz, der Gewalt und der Ausgrenzung. Er hat nichts mit der empfundenen Emotion zu tun, die einem Liebesbeweis gleichkommt, den ein Mensch sich selbst gibt und der gar nicht in Gewalt gegenüber anderen münden kann, wie wir sehen werden. Diese Unterscheidung ist sehr wichtig, denn sehr häufig untersagt der Verlassene sich im Namen des Gebots »Du sollst deinen Nächsten respektieren«, auf diejenigen wütend zu sein, die ihn verlassen haben. Das Prinzip mag ja lobenswert sein, aber auf seinen Nächsten wütend zu sein, bedeutet noch lange nicht, ihn nicht zu respektieren. Im Gegenteil: Es wäre ein Mangel an Respekt und Liebe, ihn zu verurteilen.

Unsere Denke macht uns auch die *Heftigkeit unserer Emotionen* zum Vorwurf. Tatsächlich lösen häufig die uns nahestehenden Menschen sehr viel stärkere Emotionen aus als solche, die wir kaum kennen. Folgende Erkenntnis, die ihn in seinem Wunsch nach Empfindungen ausbremsen kann, drängt sich dem Verlassenen auf: »Wie kann ich einen solchen Hass auf einen nahestehenden Menschen verspüren? Das ist anormal, also muss ich mich zurückhalten und es mir untersagen«, denkt er sich.

In beiden Beispielen zeigt sich die Macht der Denke: Sie nutzt alle Möglichkeiten, die ihr zur Verfügung stehen, um den Verlassenen daran zu hindern, seine Wut und seine Trauer zu empfinden. Aus diesem Grund muss der Verlassene sie bei jedem ihrer Versuche, erneut die Oberhand zu gewinnen, ausschalten. Das mag ermüdend wirken – ein weiterer Versuch der Denke, den Verlassenen auszubremsen. Der Verlassene wird also jede Menge Ausdauer und den festen Wunsch brauchen, sich auch weiterhin zu respektieren und zu lieben. Nur so kann er den Weg der Heilung weitergehen.

Die durch das Verlassenwerden ausgelösten Emotionen ausleben

Seine Emotionen zu erkennen und zu verspüren sind für den Verlassenen wichtige Schritte auf dem Weg zur Heilung. Doch sie allein erlauben eben noch keine vollständige Genesung. Um zu verstehen, was ich meine, betrachten wir das Beispiel, das ich auch oft meinen Patienten gebe: Ich wende mich an sie und erkläre ihnen, dass ich krank sei und Brechreiz habe, weil ich in einem Restaurant verdorbene Austern gegessen habe. Was werden sie mir raten? Die meisten antworten, ohne zu zögern: »Erbrechen Sie sich nur, das wird Ihnen guttun.« Da sie höflich sind, fügen sie nicht hinzu: »Machen Sie das bitte auf der Toilette und nicht mitten in meinem Wohnzimmer!« Zu erkennen, dass ich krank bin, zu wissen warum, die Auswirkungen auf meinen Körper zu spüren und vielleicht mit anderen darüber zu reden, sind noch lange nicht gleichbedeutend mit einer Besserung meines Befindens und der Genesung. Erst das tatsächliche Erbrechen erlaubt es mir, mich besser zu fühlen. Diese Unterscheidung ist unerlässlich.

Viele Therapieansätze erlauben Betroffenen ja sehr wohl, ihr Unwohlsein und seine Ursachen zu erkennen und auch offen darüber zu sprechen. Viele Ansätze ermöglichen es,

Trauer und Wut zu empfinden. Aber die meisten gehen entweder nicht weit genug oder nutzen Techniken, welche die Denke zu Hilfe nehmen, um die »negative Energie« in »positive Energie« zu verwandeln. Aus diesem Grund sind sie alle latent gefährlich, denn sie erlauben es dem Betroffenen überhaupt nicht, sich von seinem Leiden zu befreien, was daran liegt, dass die zugrunde liegende Emotion durch die Denke blockiert wird.

Verstehen ist nicht gleichbedeutend mit Ausleben. Das Verstehen und das Empfinden allein haben noch nie zur Heilung geführt. Seit zwanzig Jahren treffe ich in meiner Praxis und außerhalb auf Menschen, die einen langen Weg zurückgelegt haben, um die Ursache ihres Unwohlseins zu verstehen, denen es aber trotzdem überhaupt nicht besser geht. So habe ich eine Frau kennengelernt, die seit zwölf Jahren bei einem Psychiater in Behandlung ist und die beidseitig Brustkrebs hatte. Und einen Mann, der seit zehn Jahren an Depressionen litt, obwohl er von Anfang an bei einem Therapeuten in Behandlung war, der eine Spiritualität kontemplativer Art praktizierte. Beide waren in der Lage, mir genauestens zu erklären, warum sie litten und warum es ihnen nicht möglich war, gesund zu werden.

Sicher sind die Therapeuten für das verantwortlich, was sie glauben und was sie ihren Patienten »verkaufen«, aber Letztere sind eben dafür verantwortlich, diese Überzeugungen zurückzuweisen oder anzunehmen und selbst zu entscheiden, ob sie den nächsten Schritt machen wollen. Leider ist es häufig so, dass ihr überdimensioniertes Ego sie daran hindert. Es ist in der Tat leichter, die genauen Umstände seines Unwohlseins in einem Wohnzimmer darzulegen und weiterhin brav Antidepressiva und andere Psychopharmaka einzunehmen, als in einen Wald zu marschieren und dort

seine Wut förmlich zu »erbrechen«. Man kommt jedoch nicht umhin festzustellen, dass der Betroffene im ersten Fall meist weiter leidet, während er im zweiten Fall auf dem Wege der Besserung ist. Darin besteht der Unterschied zwischen einem Menschen, der seine Emotionen nicht auslebt, und jemandem, der sich das Recht nimmt, es zu tun.

Wie soll man aber seine Emotionen ausdrücken? Diese Frage kann nur von einem Erwachsenen kommen. Ein Säugling oder ein Kleinkind kann sie nicht stellen, denn es verfügt noch über diese angeborene Fähigkeit und weiß, wie es geht. Aber wir waren ja alle einmal ein Säugling! Doch unsere Erziehung hat uns gelehrt, dass es nichts nützt, Trauer oder Wut auszuleben, wenn wir sie empfinden, weil wir dadurch nicht weiterkommen. Aufgrund dieser Erziehung drängt die Denke wieder in den Vordergrund und hemmt uns in unserer angeborenen Fähigkeit, Wut und Trauer auszuleben.

In einem ersten Schritt müssen wir also unsere Denke ausschalten und wieder *zu unserem physischen und sinnlichen Körper zurückfinden*. Es mag unlogisch erscheinen, im Hier und Jetzt eine Emotion ausleben zu wollen, die mit einem Ereignis aus der Vergangenheit verknüpft ist, aber vergessen wir nicht, dass die Emotion damals nicht ausgelebt wurde und noch heute in uns »nistet«, auch wenn der Auslöser der Vergangenheit angehört. Also ist es unerlässlich, ins Hier und Jetzt zurückzukehren, um die Möglichkeit zu haben, mit der betreffenden Emotion in Kontakt zu treten, die von unserer Denke blockiert wird.

Wenn wir also in unseren physischen und sinnlichen Körper zurückgekehrt sind, können wir den zweiten Schritt machen: *eine Szene aus der Vergangenheit zurückkehren lassen*, im Verlauf derselben wir uns nicht gestattet haben, unsere Emotionen auszudrücken. Es ist wichtig, beim ersten Ereig-

nis zu verweilen, das uns ins Gedächtnis kommt, und der Denke zu widerstehen, die versuchen wird, uns andere Szenen zu liefern. Es wäre eine Falle, diese Szene wieder aus den Augen zu verlieren, die im ersten Moment und im Vergleich zu anderen Erlebnissen unpassend erscheinen mag, und sich anschließend in dem Versuch zu verheddern, herausfinden zu wollen, welche der Szenen am bedeutsamsten ist. Selbstverständlich kommt die Emotion während dieser Zeit noch nicht zum Ausdruck und kann es auch nicht. Wenn man zugibt, dass nach der Analyse die Wahl auf ein anderes Erlebnis fällt als dasjenige, welches zuerst im Gedächtnis aufgetaucht ist, dann kann man darauf wetten, dass dieses bei Weitem nicht so aufschlussreich ist wie das erste, das ohne großes Zutun des Willens und des Verstandes erschienen ist. Das hat mir zumindest der Umgang mit meinen Patienten während der seit zehn Jahren stattfindenden OGE-Seminare gezeigt.

Betrachten wir ein Beispiel, um das besser zu erklären: Joseph ist sehr wütend auf seine Mutter, die ihn im Alter von sechs Jahren in ein ausländisches Internat gegeben hat. Er hat bereits häufig zum Ausdruck gebracht, was er empfindet, doch die Wut brodelt weiter in seinem Innern, und vor allem verhält er sich Frauen gegenüber weiterhin wie ein echter Verlassener. Er versteht das nicht, ist aber bereit, die vorgeschlagenen Übungen zu machen. Bei einer dieser Übungen kommt ihm eine Szene ins Gedächtnis, in der sein Vater die Hauptrolle spielt. Doch statt bei dieser zu verweilen, entscheidet Joseph sich für eine andere, die ihm danach einfällt und in der seine Mutter auftaucht. Er macht das, weil er seinem Vater nichts übelnimmt, also auch nicht wütend auf ihn ist. Ganz im Gegenteil: Er findet, dass dieser ihn sogar vor der aggressiven Haltung seiner Mutter beschützt hat. Als ich mit ihm darüber rede, schlage ich ihm vor, doch trotzdem einmal zu der Szene mit seinem Vater zurückzukehren und sich zu erlauben, sie noch einmal zu durchleben. Die Erfahrung hat mir gezeigt, dass *einem etwas deshalb einfällt, weil es eine große Bedeutung hat,* auch wenn unser Bewusstsein das nicht erkennt. Als er sich zugesteht, diese Szene tatsächlich noch einmal zu durchleben, entdeckt Joseph, dass die Person, die der Ursprung für sein Gefühl des Verlassenwerdens ist, in Wahrheit sein Vater ist und nicht seine Mutter. Natürlich ist die Wut auf seine Mutter trotzdem sehr reell, und sie auszudrücken war unbedingt erforderlich. Aber das hat nicht zur Lösung von Josephs Problem geführt, denn seine Mutter war nicht der Ursprung für sein Gefühl des Verlassenseins.

So sah Joseph sich dazu verdammt, ständig um seine »unstillbare« Wut zu kreisen, für die er seine Mutter verantwortlich machte. Gleichzeitig hat er mithilfe seiner Denke jede Möglichkeit unterbunden, diese Emotion einem anderen Menschen gegenüber zu empfinden – vor allem nicht gegenüber seinem Vater, denn seine Vernunft und seine Logik sagten ihm, dass es bei ihm keinen Anlass für diese Wut gab. Indem er aber seine Denke zum Schweigen bringt und seine Emotionen auslebt, wird Joseph wirklich von seiner Verlassenheit genesen. Weder eine intellektuelle Analyse noch sein Psychologe hätten Joseph zu dieser Schlussfolgerung bringen können. Das zeigt tendenziell, dass es einem durch das Ausschalten der eigenen Denke gelingt, ein wesentlich höheres Bewusstseinsniveau zu erreichen als durch die intellektuelle Analyse und sämtliche Methoden zur Beherrschung der Denke.

Die andere Falle, die uns unsere Denke stellt, besteht in der Angst, eine Szene auftauchen zu sehen, die man gar nicht verarbeiten kann. Der Betroffene hat also Angst, dass es ihm

nach der Übung noch schlechter geht als vorher. Diese Angst besteht sowohl bei den Verlassenen als auch bei Therapeuten und den Personen, die es gewohnt sind, an Seminaren oder Treffen zum persönlichen Wachstum teilzunehmen oder diese zu organisieren. In den Augen all dieser Menschen kann es nur auf einen abrupten und schmerzlichen Zusammenbruch hinauslaufen, der geradewegs in die Nervenheilanstalt führt, wenn man sich ohne strenge Kontrolle eine Szene ins Gedächtnis ruft, bei der die Wut wieder hochkommt. Und natürlich weiß jeder von Menschen zu berichten, denen genau das passiert ist.

Diese Haltung ist der Beweis für eine große Unwissenheit. Aus Sicht des Verlassenen kann ich sie verstehen, aber nicht aus Sicht der Personen, die sich für Profis halten. Sie resultiert nämlich aus der Angst vor den eigenen Emotionen und von der Unwissenheit darüber, was dem Ausleben der Emotionen folgt und was die emotionale Befreiung bewirkt. Außerdem schlägt diese Haltung die Weisheit in den Wind, die wir alle in uns tragen. *Nie werden wir uns Emotionen gegenübersehen, die wir nicht ausleben können.* Menschen, die nach einem plötzlichen Zusammenbruch eingewiesen werden müssen, lassen es entweder nicht zu, ihre Emotionen auszuleben, oder sie haben sie zwar hochkommen lassen, aber man hat ihnen nicht erlaubt, sie außerhalb der erwähnten Seminare wirklich auszudrücken. Ganz im Gegenteil: Menschen, die sich gestatten, wirklich auszudrücken, was sie spüren, empfinden ein Gefühl der Befreiung und eine große Entspannung. Und in den vergangenen zehn Jahren habe ich es nicht einmal erlebt, dass jemand bei einem OGE-Seminar zusammengebrochen ist.

Der dritte Schritt besteht dann darin, *diese Szene als aktiver Teilnehmer zu durchleben* und nicht als passiver Zu-

schauer. Derjenige, der nur noch einmal sieht, was geschehen ist, bleibt nämlich außen vor und befindet sich wieder in der Umklammerung seiner Denke, die sogleich anfängt, zu urteilen und vorzuschreiben, welches die angebrachte und passende Reaktion wäre. Kurz: Die Denke verführt zu abwertenden Schlussfolgerungen. Vor allem aber behindert sie den Verlassenen erneut auf seinem Weg zur emotionalen Befreiung, der jedoch der einzig mögliche Weg zur Heilung ist. Die besagte Szene als aktiver Teilnehmer noch einmal zu durchleben, erlaubt es, bis zum schmerzhaftesten Moment vorzudringen und dann das Bild anzuhalten. Ziel ist es, den Kloß, den Knoten oder jede andere Anspannung, die dabei auftreten, körperlich zu empfinden. Diese Anspannung ist weder Trauer noch Wut. Vielmehr drückt der Körper damit aus, dass seine Emotionen durch die Denke blockiert werden. Die Zeichen, die der physische Körper sendet, können am Anfang sehr schwach sein, nehmen aber an Stärke zu, je mehr die Denke die Kontrolle verliert.

Jetzt kann wieder eine der Fallen unserer Denke zuschnappen: Der Verlassene macht sich bewusst, dass die Emotion, die er artikulieren muss, sehr stark ist; er hat zum Beispiel Lust, die Person, die am Ursprung seines Verlassenseins steht, umzubringen. Natürlich widersetzt sich die Denke, und es kann zu einer totalen oder teilweisen Blockade kommen; in letzterem Fall wird die Emotion zwar ausgelebt, aber sie ist unvollständig, das heißt, sie geht nicht bis zum virtuellen Tod des Anderen. Also bleibt die Wut ganz oder teilweise erhalten, was sich durch körperliche Anspannung zeigt: durch Kopfschmerzen oder Übelkeit beispielsweise. In diesem Moment darf man auf keinen Fall aufgeben, sondern muss im Gegenteil seine Denke wieder ausschalten und die Übung erneut aufnehmen.

Seine Emotionen zu spüren und auszudrücken ist eine sehr körperliche Arbeit: Der Knoten oder der Kloß werden im Bauch oder im Hals gespürt, und in dem Maße, wie das Ausleben voranschreitet, wandert die Anspannung. Das tut sie bis zu dem Moment, in dem die Wut oder die Trauer ganz ausgelebt sind. Dem folgt eine Befreiung, die von einem unmittelbaren Wohlgefühl begleitet wird. Der Betroffene empfindet eine tiefe Entspannung und hat den Eindruck, frei zu atmen, so als hätte er plötzlich eine verbesserte Lungenkapazität. In diesem Augenblick taucht oft eine große Freude auf. Auch das Gefühl großer körperlicher Erschöpfung kann auftreten, aber diese hat nichts mit der üblichen psychischen Erschöpfung zu tun.

Kurz: Der Betroffene fühlt sich gut und entspannt. Es ist wichtig, auf die Tatsache hinzuweisen, dass sich diese Gefühle quasi sofort einstellen – einfach deshalb, weil der Körper, unser unvergleichlicher Freund, es uns sofort sagt, wenn wir uns respektieren und lieben. Es kann auch vorkommen, dass jemandem keine bestimmte Szene ins Gedächtnis kommt, dass er aber trotzdem Emotionen verspürt. Dann genügt es, diesen Emotionen zu folgen; das Ergebnis wird das gleiche sein.

Die größte Stärke dieser Übung liegt darin, dass der Verlassene immer in der Lage ist, die Szene auszuleben, die an die Oberfläche drängt. Und diese Szene ist auch am nützlichsten, wenn es darum geht, bei der Heilung Fortschritte zu machen. Es ist erstaunlich festzustellen, wie viel dieser Ansatz bringt, der überhaupt nichts mit einer Analyse zu tun hat, sondern auf der tiefen Weisheit beruht, über die jeder Mensch verfügt.

Kehren wir zu Emilie zurück, der es gelingt, sowohl körperlich als auch seelisch wieder auf die Beine zu kommen,

indem sie im Hier und Jetzt lebt und sich erlaubt, ihre Wut und ihre Trauer zu erkennen, zu spüren und auszudrücken. Emilie ist »wirklich« wütend auf ihren Mann und das, was er ihr angetan hat. Anfangs gestattet sie sich, das zum Ausdruck zu bringen, wenn sie allein ist, denn das tut ihr gut. Das hilft ihr auch dabei, erneut die Konflikte mit ihm auszutragen, die angesichts verschiedener Punkte zwischen ihnen existierten. Und sie kann es ohne Aggressionen und mit klarem Verstand machen. Es erleichtert sie, das hinzubekommen. Ich weise sie darauf hin, dass sie auch das Recht hat, stolz auf sich zu sein. Aber es fällt ihr noch schwer zu akzeptieren, dass sie aufgrund ihres Verhaltens glücklich sein kann. Außerdem sagt sie mir, dass sie noch immer sehr wütend auf ihren Mann ist. Sie hat den Eindruck, es handele sich um ein Fass ohne Boden. Als sie eines Tages die Übung, ihre Emotionen auszudrücken, noch einmal anwendet, kommt ein gewaltiger Hass auf ihren Vater zum Vorschein. Dieser war ein sehr autoritärer und gewalttätiger Mann, der häufig betrunken war und ihre Mutter terrorisierte. Es ist sogar vorgekommen, dass er sie in Emilies Beisein schlug. Deshalb hatte Emilie begonnen, ihn zu hassen. Sein Tod hatte sie nicht besonders berührt, sie habe dabei »nicht besonders viel empfunden«, erinnert sie sich. All das auszudrücken, tut ihr sehr gut und hilft ihr vor allem dabei zu verstehen, dass sich hinter der bodenlosen Wut, die sie gegenüber ihrem Mann empfindet, die auf ihren Vater versteckt. All das hat nichts mit intellektuellem Verständnis zu tun, sondern damit, dass sie es auslebt. Die Gewalt, die sie bei ihrer Trennung erfahren hat, ähnelte nämlich in ihren Augen der Gewalt, unter der ihre Mutter leiden musste. Doch trotz allem ist Emilie immer noch wütend auf ihren Mann und ihren Vater; es gelingt ihr nicht loszulassen. Wir sind beide da-

rüber erstaunt: Emilie lebt ihre Emotionen wirklich aus, und körperlich geht es ihr auch viel besser, doch sie ist noch immer sehr nervös und hat weiter Schlafprobleme, obwohl sie keine Schlafmittel mehr braucht.

Sie erklärt mir, dass sie es nicht erträgt, ihre Kinder am Wochenende zum Vater oder zu Freunden aufbrechen zu sehen, dass sie es hasst, wenn ihr neuer Partner das Haus verlässt, und dass sie sich jedes Mal schlecht fühlt, wenn sie einen Ort am Ende eines Abends verlassen muss. Das Gefühl, das sie dabei hat, ist eine Art schwächerer oder stärkerer Beklommenheit, auf die sie reagiert, indem sie ihrem Umfeld gegenüber aggressiv wird. Das ist ihr nur zu bewusst, aber sie kann sich nicht beherrschen. Es gelingt ihr nicht, den Grund für diese Reaktionen zu finden, und sie erklärt sie mit den Geschehnissen nach dem Fortgang ihres Ehemanns. Gleichzeitig gibt sie aber zu, dass sie diese Art von Reaktion schon gezeigt hat, als ihr Eheleben noch harmonisch war.

Emilie beschließt deshalb, an einem OGE-Seminar teilzunehmen, bei dem eine Übung zu den eigenen Emotionen angeboten wird. Im Lauf dieser Übung findet Emilie sich kurz nach ihrer Geburt wieder, in einer Zeit, in der ihre Mutter sie bei der Großmutter untergebracht hatte, da sie selbst im Familienunternehmen arbeitete. Emilie fühlte sich damals völlig alleingelassen, weigerte sich zu essen und wäre fast gestorben. Nach mehreren gescheiterten Behandlungsversuchen hatte der Kinderarzt den Eltern vorgeschlagen, ihre Tochter wieder zu sich zu nehmen. Daraufhin hatte Emilie sehr schnell wieder angefangen, richtig zu essen. Indem sie zu diesem Ereignis zurückkehrte, konnte Emilie die riesige Wut empfinden, die damit verknüpft war. Danach ist es ihr gelungen, diese auch auszuleben. Sie hat das allein getan und sich daraufhin sehr erleichtert gefühlt. So hat Emilie einen großen Schritt gemacht, um sich endlich besser zu fühlen und von ihrer Verlassenheit geheilt zu werden.

Wie jeder Heilungsprozess ist auch der des Verlassenen häufig lang, voller Unvorhersehbarkeiten und Überraschungen. Der Verlassene wird sich mit Geduld wappnen und sich das Recht zugestehen müssen, nicht perfekt zu sein. Im Laufe seiner Suche wird er Ereignisse aufdecken, die oft tief in ihm verschüttet sind, an die er »gar nicht mehr dachte«, die aber voller Emotionen stecken. Einmal freigesetzt, werden diese Emotionen dafür sorgen, dass es ihm in allen Bereichen seines Lebens besser geht. Das ist ein Liebesbeweis, den er sich selbst gewährt und der zu einer wesentlichen Erkenntnis führt: »Ich bin liebenswert.«

Schlusswort: Alles ist Liebe

Jemanden zu verlassen ist ein Akt der Barbarei, den der Verlassene sehr wohl empfindet. Die Grausamkeit dessen, der verlässt, ist umso größer, als sie sich meist gegen einen Menschen richtet, der in jeder Beziehung abhängig ist: einen Fötus, einen Säugling oder ein Kleinkind. Dieses Wesen möchte nur bedingungslos geliebt werden, das heißt ohne irgendwelche Einschränkungen, welcher Art auch immer. Es weiß intuitiv, dass es nicht gut gedeihen kann, wenn es nicht liebevoll umsorgt wird.

Wir haben gesehen, was aus dem Mangel an Liebe erwächst: viel Leid, eine verlangsamte körperliche und seelische Entwicklung und manchmal sogar der Tod. Für die Kinder, die nicht dafür optiert haben, diese Welt zu verlassen, bleibt die Möglichkeit, mit einer bedingten oder gar fehlenden Liebe zu leben. Angesichts dieser Wahl, die in Wahrheit gar keine ist, haben die Kinder, die Opfer sind, weil sie verlassen oder zurückgewiesen wurden, die Möglichkeit, sich zu schützen. Sie machen das, indem sie sich einen Panzer, einen Schutzschild, schmieden, der es ihnen gestattet, die Kindheit und einen Teil der Jugend zu überstehen. Ein Kind erkennt in der Tat sehr schnell, dass es seine Wut nicht ausleben kann, ohne sich noch mehr Schikanen und körperliche oder seelische Schläge einzufangen. Genauso schnell versteht es, dass es nicht stark genug ist, um gegen diesen Mangel an Liebe anzukämpfen.

Dieser Panzer hat einen Namen: Es ist unsere »Denke«, unser Ego, wofür ich auch den Begriff der »Krücke« verwende. Sich diese Denke zuzulegen ist ein Liebesbeweis, den sich das Kind selbst erbringt. Indem es das tut, nimmt es sich das Recht, in einer feindlichen Welt zu überleben. Diese Welt wird von Erwachsenen dominiert, die in ihrer eigenen Beschränkung tun, was sie können, um in eingeschnürten, zivilisierten und normierten Gesellschaften zurechtzukommen. Das Kind kann mithilfe seiner Denke diesen Mangel an Liebe verkraften, der Gesellschaften innewohnt, die von Erwachsenen geprägt sind, welche selbst unter mangelnder Liebe gelitten haben und oft noch leiden. Seine Denke erlaubt ihm, die Auswirkungen dieser Nichtliebe während seines Wachstums zu begrenzen. In dieser Zeit bereitet es sich auf die materielle Unabhängigkeit vor, das heißt auf den Moment, wo es sich durch eigene Kraft versorgen kann. Aber dieser Kampf und dieser Schutzschild haben natürlich ihren Preis: die Verlassenheit.

Im Laufe seines Wachstums wird das Werkzeug, das dem Kind geholfen hat zu überleben, langsam unnütz und sogar verhängnisvoll. Die Denke bremst die harmonische Entwicklung, das Leben und das Wohlergehen. Jetzt bleibt nur noch, ihr dafür zu danken, was sie geleistet hat, um sie dann durch die einzige Kraft zu ersetzen, die dem Menschen ein menschenwürdiges Dasein erlaubt: die Liebe.

Es ist an dem Menschen, der Opfer des Verlassenwerdens wurde, seine Suche nach Liebe voranzutreiben. Da er sie nicht oder nur teilweise von den Anderen bekommen hat, muss er sie sich selbst gewähren. Natürlich ist diese Suche eine universelle, aber für jemanden, der die Liebe nicht erhalten hat, auf die er seit seiner Entstehung ein Anrecht hat, ist sie noch wichtiger und noch schwieriger. Der Weg ist ebenfalls schwierig und von Hindernissen übersät, aber er ist gangbar: Was einmal einprogrammiert wurde, kann zu einem späteren Zeitpunkt auch wieder zurückgenommen werden. Der einzige Teil, der weder programmiert noch umpro-

grammiert werden kann, ist unser wesentlicher Kern. Dieser Kern, der die Grundlage unseres tiefsten Innern ist, funktioniert ohne Eingriff vonseiten der Denke. Eine einzige Kraft treibt ihn an: die Liebe. Die Liebe ist es, die dem Verlassenen ermöglicht, sich auf den Weg der Genesung zu begeben: Sich erlauben zuzugeben, dass ein Leiden existiert, ist in der Tat ein Zeichen von Liebe. Sich erlauben, die Emotionen angesichts des Erlebten zu akzeptieren, ist ein weiteres Zeichen der Liebe, das sich der Verlassene selbst gibt. Wut und Trauer zu empfinden und auszuleben ist noch ein Zeichen dieser Liebe, die der Verlassene sich zum Geschenk machen kann.

So wird es dem Verlassenen nach und nach gelingen, sich den Respekt und die Liebe zu bescheren, die ihm seit jeher zustehen. Und indem er sich all diese Liebe gibt, wird der ehemals Verlassene es schaffen, auch um sich her die Liebe aufstrahlen zu lassen und so denen zu verzeihen, die ihm keine Liebe geschenkt haben.

Dieser Pfad ist sicher nicht leicht zu beschreiten, aber er ist auch voller Hoffnung. Was ich in diesem Buch dargelegt habe, habe ich von all denen gelernt, denen ich beruflich und privat begegnen durfte. Dafür möchte ich ihnen von Herzen danken.

Anmerkungen

1 *Le petit Larousse illustré.* Paris 2007

2 Siehe das Unterkapitel »Die ›Denke‹: Definition«

3 Laplanche, Jean und Pontalis, J.-B.: *Das Vokabular der Psychoanalyse.* Frankfurt am Main 1972, S. 594/595

4 Postel, Jacques: *Le Dictionnaire de psychiatrie et de psychopathologie clinique.* Paris 1998

5 Revel, Serge und Lacomme, Chantal: *Psy: Dictionnaire pratique et thématique de psychiatrie, psychanalyse et psychothérapie.* Paris 2005

6 Purpura, Dominik P.: *Conciousness.* In: *Behavior Today 27,* 1979, S. 437–448. Zitiert in: Verny, Thomas und Kelly, John: *Das Seelenleben des Ungeborenen.* München 1981, S. 34

7 Scott, Dennis: Follow-up study from birth of the effects of prenatal stresses. In: *Developmental Medicine and Child Neurology 15,* 1973, S. 770–787

8 Gemeint ist die Technik, zu früheren Erlebnissen zurückzukehren und sie noch einmal zu durchleben.

9 Bosch Bonomo, Ingeborg: *Guérir les traces du passé.* Montréal 2005, S. 127

10 Chamberlain, David: *Woran Babys sich erinnern. Über die Anfänge unseres Bewusstseins im Mutterleib.* München 1990

11 Cyrulnik, Boris: *Mit Leib und Seele. Wie wir Krisen bewältigen.* Hamburg 2007, S. 23–26

12 Harlow, H. F.: Age-mate or peer affectional system. In: Lehrman, D. S., Hindle, R. A. und Shaw, E. (Hrsg.): *Advances in the Study of Behaviour 2,* 1969, S. 333–383

13 Poletti, Rosette: Les Deuils dans l'enfance. In: *Abstracts Neuro et Psy 169,* 1997, S. 15–30

14 Anisman, H., Zaharia, M. D., Meaney, M. J., Merali, Z.: Do early-life events permanently alter behavioral and hormonal response to stressors? In: *International Journal of Developmental Neuroscience 16,* Nummer 3–4, 1998, S. 149–164

15 Dufour, Daniel: *Les Tremblements intérieurs.* Montréal 2003, S. 127

16 Die »um sich selbst kreisenden Gedanken« habe ich in meinem ersten Buch *Les Tremblements intérieurs* ausführlich besprochen.

17 Siehe auch den Absatz »Sich selbst heilen« in Kapitel 5

18 Bradshaw, John: *Das Kind in uns.* München 1992, S. 76

19 Hillmann, James: *Charakter und Bestimmung. Eine Entdeckungsreise zum individuellen Sinn des Lebens.* München 1998, S. 57f.

20 Dufour, Daniel: *Les Tremblements intérieurs,* Montréal 2003; *Les Barrages Inutiles,* Montréal 2005

21 Dufour, Daniel: *Les Barrages Inutiles,* Montréal 2005

OGE-Seminare

Hat Ihnen dieses Buch gefallen?
Möchten Sie einen Schritt weitergehen?

Sie haben die Möglichkeit, Herrn Dr. Dufours Empfehlungen
in die Praxis umzusetzen. Zu diesem Zweck werden Seminare
angeboten, in denen nach der OGE-Methode gearbeitet wird.

Zur Internetseite mit deutschsprachigen Informationen:
www.oge.world

Haben Sie Fragen an den Verlag?
Anregungen zum Buch?
Erfahrungen, die Sie mit anderen teilen möchten?
Besuchen Sie unsere sozialen Netzwerke:
www.mankau-verlag.de/forum

Register

(F) = Fallbeispiel